LE TEMPS, L'ÉTERNITÉ
ET LA PRESCIENCE
DE BOÈCE À THOMAS D'AQUIN

DANS LA MÊME COLLECTION

PERLER D., *Théories de l'intentionnalité au Moyen Âge*, avant-propos de Ruedi Imbach et Cyrille Michon, Paris, Vrin, 2003, 172 pages

CONFÉRENCES PIERRE ABÉLARD

Directeurs : Ruedi IMBACH

Cyrille MICHON, Irène ROSIER-CATACH et Jacob SCHMUTZ

LE TEMPS, L'ÉTERNITÉ
ET LA PRESCIENCE
DE BOÈCE À THOMAS D'AQUIN

par

John MARENBON

Texte français revu par
Irène Rosier-Catach

PARIS

LIBRAIRIE PHILOSOPHIQUE J. VRIN

6, Place de la Sorbonne, Vᵉ

—

2005

© *Librairie Philosophique J. VRIN,* 2005
Imprimé in France
ISBN 2-7116-1770-X

www.vrin.fr

A Edouard Jeauneau

AVANT-PROPOS

John Marenbon est un excellent philosophe, un grand historien, et un homme délicieux. Les pages qui suivent témoigneront des deux premières qualifications, je me permets d'ajouter la troisième, qui n'est pas sans rapport avec le présent livre, puisque celui-ci reprend des conférences données à Paris, à un auditoire qu'il a su passioner, instruire, et détromper parfois, avec élégance, respect, et un certain charme britannique.

Le problème de la prescience et de la liberté humaine peut être formulé en quelques mots : comment Dieu (un prédicteur omniscient) peut-il savoir ce que je ferai demain, si je le fais librement, avec le pouvoir de ne pas l'accomplir ? C'est un des plus difficiles de l'histoire de la philosophie et de la philosophie tout court. Marenbon en donne ici la double illustration. Il nous fait comprendre la nature du problème, tel que l'affrontent un certain nombre de philosophes contemporains de la religion, et il s'engage ensuite dans une revue des principales tentatives de traitement de ce problème de Boèce à Thomas d'Aquin. Il ne prétend pas que ces penseurs traitent le même problème que les modernes : une bonne partie de son enquête tient justement à la confrontation des interrogations médiévales avec les questions contemporaines, et débouche même sur une réflexion concernant l'histoire de la philosophie, et la tendance qu'elle a pu prendre dans la tradition analytique. Le double (ou triple) objectif de ces conférences ne peut être atteint qu'en raison des qualités intrinsèques du philosophe et de l'historien qu'est Marenbon.

Sa lecture de textes classiques l'amène ainsi à proposer des analyses à la fois précises, parfaitement claires et originales au point de surprendre sans doute ceux qui croyaient les connaître. Ainsi, Marenbon montre-t-il que la dite solution «boécienne» qui résoudrait le paradoxe en situant simplement Dieu hors du temps, dans une éternité atemporelle, n'est pas une bonne explication du texte de la *Consolation*. L'éternité divine n'est pas atemporelle, et le principe de la réponse de Boèce tient bien davantage à la distinction des modes de savoir divin et humain. On a cru également que Boèce avait su déjouer le sophisme qui assimile nécessité de la conséquence (il est nécessaire que si *p* est le cas alors *q* est le cas) et la nécessité du conséquent (si *p* est le cas, alors, il est nécessaire que *q* soit le cas) en distinguant justement ces deux formes ou portées de la nécessité. Mais Marenbon montre qu'il n'en est rien, la nécessité conditionnée de Boèce doit faire l'objet d'une toute autre analyse, et il se pourrait même que Boèce ait succombé au sophisme.

Le XIIe siècle fait l'objet d'une étude originale parce que la question de la prescience y est moins souvent envisagée que d'autres. Spécialiste d'Abélard (et auteur du très remarquable *The Philosophy of Peter Abelard*, Cambridge, 1997), Marenbon approfondit ici ce qu'il a pu écrire ailleurs, illustre sur ce cas précis le talent de logicien d'Abélard, et montre aussi les limites de sa perspective, qui manque sans doute la raison la plus profonde du problème posé par la prescience : la référence au temps passé. Il en va de même des solutions que Marenbon appelle «sophismatiques», et dont il donne différents exemples couvrant la deuxième moitié du XIIe et le début du XIIIe siècle. Ce chapitre contribue à notre connaissance des procédés utilisés et à leurs applications à des questions concrètes par les théologiens de l'Université naissante.

Le chapitre sur Thomas d'Aquin est particulièrement remarquable, car il a été tant écrit sur cet auteur, y compris sur ce sujet, que l'on pouvait penser tout savoir. Notamment, que Thomas reprenait largement la solution boécienne, qu'il évitait la confusion du sophisme de la nécessité de la conséquence, voyait que la menace fataliste venait de la connaissance passée que la prescience attribuerait à Dieu, alors que, fidèle à Aristote, Thomas avait refusé la vérité passée des propositions portant sur les futurs contingents (il n'est pas vrai aujourd'hui qu'il y aura demain une bataille navale, mais seulement qu'il y en aura une ou qu'il n'y en aura pas), et y échappait par la voie de l'éternité atemporelle de la science divine. La lecture de Marenbon est décapante : Thomas n'est pas fidèle au Boèce de l'histoire reconstruite, il l'est davantage au Boèce réel, mais sa position est subtile et ne repose pas tant sur la conception de l'éternité divine, ni même sur le mode de connaissance de Dieu que sur une distinction, sans doute intenable, entre la situation d'un événement en lui-même dans le temps mais en tant que connu dans l'éternité. C'est une interprétation épistémique et non réaliste de la présence de Dieu aux événements temporels qui sous-tendrait la conception de Thomas. Marenbon la restitue, et la critique.

On le voit, l'historien ne cède pas la place au philosophe dans la mesure où celui-ci évalue les positions qu'il a exposées et parfois reconstruites. Mais l'historien se veut historien rigoureux, et ne succombe pas à la facilité qu'offrent des reconstructions formelles ou dans des termes modernes qui risquent de laisser échapper le contenu véritable de conceptions, parfois devenues très étrangères aux lecteurs contemporains. Certains d'entre eux seront peut-être plus intéressés encore par les remarques du dernier chapitre sur le métier d'historien de la philosophie. Mais on ne saurait dissocier dans cette enquête les différents objectifs poursuivis par Marenbon : sa pédagogie nous incite à les aborder de front. Ne doutons pas qu'en renouvelant ainsi notre connaissance du problème de la prescience et de la liberté ce livre contribuera également à une réflexion sur la pratique de l'histoire de la philosophie médiévale, et de l'histoire de la philosophie en général, tout en pouvant susciter de véritables interrogations philosophiques tout court.

Cyrille Michon

PRÉFACE DE L'AUTEUR

Au printemps 2003, Olivier Boulnois et Irène Rosier-Catach m'ont très gentiment invité à donner un cours de quatre conférences à la cinquième section de l'École Pratique des Hautes Études.

Ce livre se fonde sur ces conférences, bien que j'aie repensé et réécrit presque tout. En écrivant le livre, comme en donnant le cours, j'ai été conscient du privilège de pouvoir m'adresser à un public d'une culture philosophique aussi différente de la mienne que la mienne se distingue de celle de l'université de Cambridge, où je suis d'une certaine façon professeur. En choisissant comme thème de mes conférences le problème de la prescience divine, de Boèce à Thomas d'Aquin, j'ai délibérément décidé d'examiner un aspect de la pensée médiévale auquel les philosophes anglophones contemporains – particulièrement les philosophes analytiques de la religion – se sont intéressés. J'ai voulu à la fois présenter leurs méthodes et leurs idées aux médiévistes français, et essayer d'évaluer leurs contributions/développements. Bien que je n'aie pas totalement négligé l'érudition française, je me suis en conséquence focalisé sur les débats des philosophes anglophones. J'espère que ce petit livre pourra être utile aux lecteurs francophones, non seulement en leur donnant à voir les éléments positifs de ces débats, mais en les mettant également en garde contre les dangers que présente l'une des méthodologies les plus répandues dans les départements de philosophie des pays anglophones.

Je voudrais remercier Ruedi Imbach pour m'avoir invité à publier ce livre dans la collection qu'il dirige, et tous ceux qui sont assistés aux conférences (en particulier les organisateurs et Cyrille Michon) pour leurs observations et critiques, qui m'ont aidé à mieux comprendre les problèmes dont je discutais. Cyrille Michon vient de publier un livre (*Prescience et liberté. Essai de théologie philosophique sur la providence*, Paris, PUF, 2004) qui traite, du point de vue de la philosophie contemporaine, avec son acribie et sa lucidité habituelles, la même problématique que j'analyse dans les chapitres qui suivent. Malheureusement, ce livre n'était disponible que lorsque j'avais achevé la version française du présent livre. Je ne peux pas trouver les mots – je ne pourrais pas même les trouver en anglais – pour exprimer ma reconnaissance envers Irène Rosier-Catach, qui a transformé mon texte originel, maladroit, plein d'erreurs et d'anglicismes, en bon français : elle a toujours réussi à me suggérer le mot ou la locution juste pour exprimer précisément ce que je voulais.

Je voudrais dédier ce livre à un savant français, Edouard Jeauneau, dont j'ai suivi l'enseignement il y a presque trente ans, lors d'un séjour de plusieurs mois à Paris, et qui est devenu l'un de mes amis. Je suis heureux de le lui offrir comme cadeau pour son 80e anniversaire, qu'il a célébré l'été passé.

CHAPITRE PREMIER

LE PROBLÈME DE LA PRESCIENCE

La présente étude se déroule à deux niveaux. À un premier niveau, elle raconte l'histoire d'un problème et l'une de ses solutions classiques. Il s'agit du problème de la prescience divine et de la solution dite « Boécienne » ou « de Thomas d'Aquin ». Mon hypothèse est que cette solution n'est en aucun cas celle de Boèce ou de Thomas, et que les philosophes et théologiens jusqu'à Thomas d'Aquin ignorent de fait la solution « Boécienne », bien que certains parmi eux (y compris l'Aquinate) suivent les véritables idées de Boèce. À un deuxième niveau, je discuterai les questions méthodologiques que suggère ce contraste entre un problème de « l'histoire de la philosophie » tel que les philosophes modernes le conçoivent et la vérité historique à demi cachée par cette reconstruction anachronique. Doit-on éviter une lecture des textes médiévaux qui se laisse guider par les problèmes et les solutions qui nous intéressent aujourd'hui ? Pour répondre à une telle question, on doit affronter une question encore plus fondamentale : pourquoi s'intéresser à la philosophie médiévale ?

Il faut d'abord préciser la nature du « problème de la prescience ». Commençons par poser le problème de façon intuitive. Supposons que tu saches que ce soir je ne boirai que du vin blanc. Il semble donc qu'il est nécessaire que je ne boirai pas ce soir du vin rouge, parce que, si j'en buvais, cette connaissance deviendrait une croyance fausse – ce qui est impossible, parce que tout ce que l'on connaît doit être vrai ; sinon, on ne le *connaît* pas. On peut raisonner de la même façon en ce qui concerne n'importe quel événement futur. Tout ce qui arrivera, arrivera donc par nécessité, et des philosophes comme Aristote, Boèce et presque toute la tradition médiévale ont pensé que, s'il n'y a pas de contingence, alors le libre arbitre s'évanouit et on ne peut plus alors récompenser les bons et châtier les mauvais, parce que personne n'agit de sa propre volonté, mais selon la nécessité. Dans un grand nombre de perspectives modernes, admettre que tout arrive par nécessité n'entraîne pas de telles conséquences inadmissibles : la liberté humaine est censée être compatible avec le déterminisme. Aucun des philosophes et théologiens que j'examinerai au cours des chapitres qui vont suivre n'aurait accepté cette position compatibiliste. Il leur a donc fallu résoudre le problème de la prescience afin de démontrer que la prescience divine n'exclut pas la contingence. Avant de continuer, on doit noter que ce problème – celui de la *prescience* divine – n'est pas le même que le problème du déterminisme (si Dieu *détermine* ce qui arrivera, aucune chose n'arrivera sauf par nécessité), quoique beaucoup d'auteurs, médiévaux ainsi que modernes, ne les distinguent pas [1].

Comment peut-on formuler ce problème d'une façon plus formelle ? Voici une formulation qui est fausse, mais qui a des conséquences importantes pour l'histoire de notre problème :

L'argument naïf contre la contingence

1. A sait que *p*. [prémisse]
2. Si A sait que *p*, *p*. [voir (3)]
3. (2) est vrai à cause de la définition de « savoir que… » [prémisse]
4. Ce qui est vrai à cause d'une définition, est vrai par nécessité. [prémisse]
5. Si A sait que *p*, nécessairement *p*. [2,3,4]
6. Nécessairement *p*. [1,5]

L'inférence incorrecte est celle de (5). En effet, ce qui suit de (2), (3) et (4) est plutôt

---

1. Voir Goris (1998), p. 53-66, qui développe cette idée et donne des indications bibliographiques très riches.

7. Il est nécessaire que (Si A sait que p, p).

Au treizième siècle, on aurait distingué entre (6) et (7) en disant que dans (6) il y a la nécessité du conséquent (la simple proposition p, qui était le conséquent dans (2)) tandis que (7) manifeste la nécessité de la conséquence (toute la proposition hypothétique : si A sait que p, p). Or, il y a une très grande différence entre la conclusion (7), qui découle effectivement de (1)-(5), et la conclusion sophistique (6). Admettre (6) voudrait dire que, si Dieu connaît toute chose, les futurs contingents inclus, toute chose arrive par nécessité. En revanche, (7) ne menace nullement la contingence du futur.

Doit-on donc conclure que le problème de la prescience n'est en réalité qu'un pseudo-problème, une inquiétude qu'une analyse logique doit apaiser? Absolument pas. Il y a un argument qui réussit à articuler selon les termes de la logique formelle la difficulté intuitive que l'argument naïf n'arrive pas à représenter[1] :

L'argument de la nécessité accidentelle
hier = t_1 aujourd'hui = t_2 demain = t_3

8. Nécessairement (si Dieu savait que quelque chose arriverait, elle arriverait). [Prémisse : définition de « savoir que »]
9. Si une proposition p implique nécessairement une proposition q, la proposition nécessairement p implique nécessairement q. [Prémisse : Principe du transfert de la nécessité]
10. Dieu connaissait hier (en t_1) ce que je ferais demain (en t_3). [Prémisse : omniscience divine]
11. Tout ce qui est passé est nécessaire, parce que personne ne peut le modifier. [Prémisse]
12. Que Dieu connaissait hier (en t_1) ce que je ferais demain (en t_3), est maintenant (en t_2) un événement du passé. [Prémisse]
13. Que Dieu connaissait hier (en t_1) ce que je ferais demain (en t_3), est nécessaire par la nécessité accidentelle. [11, 12]
14. Je ferai nécessairement ce que je ferai demain. [8, 9, 13]

Cet argument est sans doute valide. De $L(p \rightarrow q) \rightarrow (Lp \rightarrow Lq)$ [=9], $L(Kp \rightarrow p)$ [=8], et $L(Kp)$ [= 13], suit Lp [=14][2]; et

1. Pour cette formulation, voir Zagzebski (1991), p. 8
2. J'utiliserai un minimum de symbolisme logique au cours de cette étude : 'L' veut dire 'nécessairement/il est nécessaire que' ; 'M' veut dire 'possiblement/il est possible

l'inférence de (13) à partir de (11) et (12) est évidente. Si on veut rejeter l'argument, il faut donc repousser une des prémisses.

Les propositions (8) et (12) sont manifestement vraies. En revanche, il est peut-être possible de mettre en doute (9), le principe du transfert de la nécessité, et on pourrait de plus se demander s'il est légitime de mélanger deux conceptions de la nécessité, l'une – celle de (8) et (9) – une conception pour ainsi dire purement logique; l'autre – la nécessité accidentelle proposée en (11) – une notion très proche, sinon identique, à l'idée d'immutabilité. Toutefois, en ce qui concerne la discussion médiévale du problème – ou plutôt de l'interprétation moderne du débat médiéval, la prémisse suspecte est (10). (10) n'est la conséquence inévitable de l'omniscience divine qu'à condition que Dieu agisse et pense dans le temps. Si l'on conçoit l'éternité divine non pas comme l'extension sans début et sans fin du temps, mais comme une éternité hors du temps, Dieu connaît d'une façon atemporelle ce que je ferai demain, mais il n'est pas vrai que Dieu le connaissait hier; il n'est pas même vrai qu'il le connaît, si on comprend le temps présent du verbe comme un véritable temps présent ('Dieu le connaît *maintenant*')[1]. Si on peut rejeter (10), l'argumentation s'écroule et la contingence du futur est sauvegardée[2].

La formulation (8) – (14) a un caractère explicitement technique. On pourrait cependant donner une forme moins complexe (pour ne pas dire moins rébarbative) à ce qui est, au fond, le même argument.

que'; 'Kp' veut dire '(quelqu'un) connaît la proposition p'; '$p \to q$' veut dire 'p entraîne q'; t_1, t_2, t_3... sont des points successifs chronologiques (par exemple: 20.00 lundi, 20.00 mardi, 20.00 mercredi – peu importe si l'intervalle entre ces moments est long ou bref). L'utilisation du langage de la logique symbolique contemporaine comme outil pour analyser les textes médiévaux pose des problèmes de méthode, que l'on considérera au dernier chapitre.

1. Dans leurs analyses de l'idée de l'éternité atemporelle, les philosophes contemporains utilisent de plus une distinction entre deux concepts du temps – «the A series» et «the B series». J'examinerai cette distinction et son rapport aux théories médiévales au chapitre v, *infra*, § 4c.

2. Selon plusieurs philosophes contemporains, il existe cependant une reformulation de l'argument de la nécessité accidentelle dans laquelle la prémisse (10) est différente. On ne peut pas réfuter cette version de l'argument en affirmant que Dieu est atemporel. J'examinerai cette reformulation et ses rapports (au moins contestables) au débat médiéval au chapitre v, *infra*, § 4a.

Par exemple, Nelson Pike présente un argument assez proche de celui qui suit, où il faut remarquer que la signification de « pouvoir » est « to be in one's power to », c'est-à-dire, il y a quelque chose que l'on peut faire en réalité pour réaliser une situation donnée[1] :

15. Samedi dernier, Jones a tondu le gazon. [Prémisse]
16. 80 ans avant samedi dernier, Dieu croyait que Jones tondrait le gazon samedi dernier. [Prémisse : omniscience divine]
17. Jones pouvait ne pas tondre le gazon samedi dernier. [Prémisse pour la *reductio*]
18. Il est impossible que Dieu se trompe. [Prémisse : omniscience divine]
19. Si Jones pouvait ne pas tondre le gazon samedi dernier, Jones pouvait causer que Dieu se trompe [16]
20. Personne ne peut causer ce qui est impossible. [prémisse : signification d'« impossible »]
21. Jones ne pouvait pas ne pas tondre le gazon samedi dernier [18, 19, 20. *modus tollens*]
22. Jones tondait *nécessairement* le gazon samedi dernier. [21]

Bien qu'elle ne soit nullement explicite, la nécessité accidentelle du passé est à la base de cet argument de même qu'il fonde l'argument (8-14). Il est très important que (16) se réfère à ce que Dieu croy*ait*, au passé (80 ans ou 8 secondes, peu importe) par rapport au contenu de la croyance. Si l'on supposait être simultanées l'action de Jones et l'action divine de croire qu'il agisse, Dieu, étant omniscient, croirait qu'il faisait ce qu'il faisait effectivement. Puisque la croyance de Dieu en (16) est au passé, elle est inaltérable ou accidentellement nécessaire; par conséquence, si Jones pouvait ne pas tondre le gazon samedi dernier, il pourrait rendre fausse une croyance divine. Cet argument, comme le précédent, n'est plus acceptable si l'on affirme que Dieu est atemporel, parce qu'alors (16) ne sera plus vraie.

C'est cet appel à l'idée d'éternité atemporelle que l'on appelle « la solution boécienne » (ou « de Thomas d'Aquin ») du problème de la prescience divine. Les philosophes et historiens qui utilisent cette étiquette ne sont cependant pas d'accord sur la nature précise

---

1. Pike (1970), p. 56-57.

des relations existant entre l'argument de la nécessité accidentelle et les idées de Boèce. Tout le monde s'accorde à dire que Thomas d'Aquin connaissait un argument semblable à la version explicite (8-14) de l'argument de la nécessité accidentelle[1], et la plupart des commentateurs rattachent sa solution au problème de la prescience – qu'ils croient être fondée sur l'éternité divine atemporelle – à cet argument. Certains écrivent comme si Boèce avait également répondu à cet argument; d'autres soutiennent plutôt que Boèce a proposé une solution à un problème, celui posé par l'argument de la nécessité accidentelle, qu'il n'a jamais explicitement formulé, mais qu'il comprenait tout de même de façon intuitive; d'autres jugent que Boèce a posé et répondu à un argument proche de la deuxième version (15-21) donnée ci-dessus; et d'autres enfin, sans s'intéresser à ses relations avec l'argument de la nécessité accidentelle lui-même, attribuent à Boèce une solution au problème en accord avec l'intuition capitale qui est au cœur de la réponse à cet argument. Selon ceux-ci, la solution boécienne est fondée sur l'idée que, par rapport à Dieu, qui est atemporellement éternel, rien ne peut être ni passé ni futur. Il suffit de comprendre le statut atemporel de Dieu pour se rendre compte que son rapport au monde des événements temporels ne peut pas être une relation de prescience. Il s'agit donc d'une solution métaphysique au problème de la prescience. Si l'on comprend de façon exacte la nature divine, on se rendra compte que Dieu est omniscient mais qu'il n'y pas pour autant de prescience divine, donc pas de problème de la prescience divine, parce que la prescience porte sur le futur, tandis que rien n'est futur par rapport à Dieu.

L'argument de la nécessité accidentelle et la solution « boécienne », dans ses différentes versions, forment le cadre dans lequel les philosophes et les historiens de la philosophie ont envisagé les tentatives des différents auteurs, de Boèce jusqu'au fin du treizième siècle, pour montrer la compatibilité entre la prescience

---

1. Voir chapitre IV, § 3 pour la version thomasienne, et chapitre V, § 4 pour l'historiographie de la discussion contemporaine de ce passage.

divine et la contingence du futur[1]. Dans les pages qui suivent, je proposerai l'hypothèse que ce cadre a fonctionné plutôt comme un voile qui a recouvert et obscurci les véritables démarches des philosophes du haut Moyen Âge et du treizième siècle, qu'il importe de mettre à jour par une étude scrupuleuse et sans préjugé des textes où elles se trouvent. La tradition historiographique s'est égarée, selon moi, à la fois dans ce qu'elle a affirmé et dans ce qu'elle a passé sous silence. Elle a, dans la plupart des cas, réduit la discussion du problème qui a été menée avant le quatorzième siècle aux seules interventions de Boèce, au début du sixième siècle, et de Thomas d'Aquin (qui a sans aucun doute suivi Boèce dans sa façon d'aborder le problème), sept siècles plus tard. De fait, elle a représenté les analyses de Boèce et Thomas soit comme des réponses à l'argument de la nécessité accidentelle; soit, du moins, comme s'appuyant sur une notion d'éternité divine atemporelle. Les deux erreurs se renforcent l'une l'autre, puisque les discussions du problème qui ont eu lieu pendant le douzième siècle et la première moitié du treizième siècle, qui pour la plupart n'ont évidemment rien à faire avec l'argument de la nécessité accidentelle ou de l'éternité atemporelle, auraient pu servir de guide au lecteur contemporain pour comprendre correctement les textes de Boèce et de Thomas d'Aquin[2].

Le chapitre suivant sera consacré donc à une étude des thèses de Boèce sur la prescience divine et les futurs contingents, des interprétations vraisemblables et invraisemblables de celles-ci et de la difficulté à laquelle tout interprète de la *Consolation de la Philosophie* doit faire face. Dans le chapitre III, je considère l'analyse d'un des penseurs latins le plus important comme philosophe de l'époque précédant celle de l'Aquinate – Pierre Abélard. Le chapitre IV se concentre sur plusieurs théologiens écrivant durant de la période

1. On sait que les théologiens du moyen âge tardif, comme Guillaume d'Ockham et Molina, ont élaboré d'autres solutions : pour un sommaire nuancé, voir Goris (1998), p. 68-89

2. Il faut néanmoins souligner que je ne présente pas une histoire complète des discussions du problème de la prescience durant la période allant de Boèce à Thomas d'Aquin. Par exemple, Anselme de Cantorbéry a proposé des théories très intéressantes sur le temps, l'éternité et la prescience divine, et j'espère avoir un jour l'occasion de les analyser : voir Leftow (1991) p. 185-216, Marenbon (2003c), p. 54-55. Pour une vue synthétique des discussions actuelles du problème de la prescience, voir Fischer (1992).

allant de Pierre Lombard à Alexandre de Halès, pour arriver, au chapitre v, à Thomas d'Aquin. Tout au long de ces analyses des textes médiévaux, on verra apparaître de nombreuses questions d'ordre méthodologique – ces questions relevant du deuxième niveau mentionné ci-dessus. Le dernier chapitre, enfin, s'attachera à la discussion de ces questions.

CHAPITRE II

BOÈCE

Né vers 475-477, presqu'au moment de la déposition par les Ostrogoths de Romulus Augustulus, le dernier empereur de l'empire romain occidental, Boèce a été pourtant le plus romain des penseurs chrétiens de l'antiquité tardive : du fait qu'il est plus philosophe que père de l'Église, on ne s'étonne pas (peut-être devrait-on d'ailleurs s'en étonner davantage : voir ci-dessous) que sa dernière œuvre – écrite en prison à l'ombre du bourreau – fût une consolation de *la Philosophie*. Issu d'une famille de la haute aristocratie, devenu fils adoptif (et ensuite gendre) de Symmaque, le premier *gentleman* de Rome, il jouissait d'une éducation hellénisante qui lui a permis d'assimiler la pensée des écoles néoplatoniciennes d'Athènes et d'Alexandrie. Certes, il est l'auteur de cinq traités théologiques, dont trois discutent des problèmes christologiques et trinitaires, et dont un quatrième constitue une confession dogmatique. Pourtant, Boèce a passé la plus grande partie de sa vie à traduire et commenter de la logique. Ses œuvres de logique – traductions de l'*organon* aristotélicien dans son entier (celle des *Seconds Analytiques* est perdue), deux commentaires sur l'*Isagoge* de Porphyre et deux sur le *Peri hermeneias* d'Aristote, commentaires sur les *Catégories* d'Aristote et sur les *Topiques* de Cicéron, monographies sur les syllogismes catégoriques et hypothétiques, l'inférence topique et la division – ont servi presqu'à elles seules de fondement à tout l'enseignement de la logique jusqu'à l'époque d'Abélard. Ces textes et traductions ne sont néanmoins que le début du programme qu'il projetait : traduire en latin tous les dialogues de Platon et toutes les œuvres d'Aristote, en les accompagnant de commentaires et d'une monographie visant à démontrer l'accord entre les deux grands philosophes[1]. Sa mort prématurée abrégea une entreprise certes trop ambitieuse ; sachant qu'il ne lui restait que quelques mois à vivre, Boèce s'obligea à préciser sa compréhension de la sagesse platonicienne, qu'il renforça par un raisonnement d'inspiration aristotélicienne, dans le cadre littéraire de la *Consolation*[2].

§ 1. LA PRESCIENCE DIVINE
DANS LE DEUXIÈME COMMENTAIRE AU *PERI HERMENEIAS*

C'est dans ce dialogue que mena Boèce, alors emprisonné, avec la personnification de la *Philosophie* que l'on trouve la fameuse discussion sur la prescience divine et les futurs contingents. Boèce avait cependant déjà traité du même thème, quelques années plus tôt, dans son deuxième commentaire sur le *Peri hermeneias*. De fait, l'analyse des futurs contingents du chapitre 9 du *Peri hermeneias* ne porte pas sur le problème *théologique* de la prescience divine. Aristote n'y considère que ce qu'on a appelé le problème *logique* des futurs contingents : si toute proposition doit être vraie ou fausse, il semble que les événements futurs arriveront ou n'arriveront pas par nécessité en fonction de la vérité ou fausseté des propositions qui les affirment[3]. Pourtant, après avoir posé – et résolu – le problème logique, Boèce répond au problème théologique. Il importe d'examiner cette réponse, à la fois pour la comparer à la solution que Boèce va proposer dans la *Consolation*, et parce qu'elle fournira à

---

1. Voir Commentaire au *Peri hermeneias* ed. sec. (Boèce 1880), p. 79 : 9-80 : 9.
2. Pour la vie et les œuvres de Boèce, voir Courcelle (1967), Obertello (1974), Chadwick (1981), Marenbon (2003a).
3. Par exemple, considérons la proposition « Je ne boirai pas de vin rouge demain ». Si cette proposition est vraie, il s'ensuit que je ne boirai pas de vin rouge demain ; si elle est fausse, il s'ensuit que je boirai du vin rouge demain. En conséquence, si la proposition est vraie ou fausse aujourd'hui, il semble que je ne choisirai pas demain de boire ou ne pas boire de vin rouge : ce que je ferai aura été déjà déterminé.

Abélard un des arrière-plans à sa propre discussion du problème de la prescience divine.

Supposons, dit Boèce, qu'on prétende que la prescience divine implique que les événements préconnus soient nécessaires, on doit alors sacrifier soit la contingence soit l'omniscience divine. C'est-à-dire, soit :

    1. Il y a des événements qui ne sont pas nécessaires, et Dieu n'est pas omniscient.

soit :

    2. Dieu est omniscient et tous les événements sont nécessaires.

Boèce n'hésite évidemment pas à rejeter (1), parce qu'il est impie de nier la prescience divine[1]. Il fait face à (2) d'une façon inattendue. Selon son interprétation, celui qui la propose n'affirme pas qu'en vérité tous les événements sont nécessaires, mais plutôt que :

    3. Selon l'entendement de Dieu, tous les événements sont nécessaires.

(3), cependant, implique que Dieu se trompe en de nombreuses occasions, puisqu'il y a bien en effet des événements contingents : « celui qui affirme qu'il sait que deux est un chiffre impair, ne le sait pas mais plutôt en est ignorant »[2]. On évite tous ces problèmes, continue Boèce, en acceptant la compatibilité entre la contingence et la prescience divine : « Dieu connaît les choses futures non pas comme arrivant par nécessité mais comme arrivant d'une façon

---

1. Boèce (1880), p. 225 : 10-17 : « Si quis dicat dei scientiam de futuris euentuum subsequi necessitatem, is profecto conuersurus est, si omnia necessitate non contingunt, omnia deum scire non posse. Nam si scientiam dei sequitur euentuum necessitas, si euentuum necessitas non sit, diuina scientia perimitur. Et quis tam inpia ratione animo torqueatur, ut haec de deo dicere audeat ? » Dans mes citations, je standardise le 'v' et les 'u' en 'u' ; autrement, je suis l'orthographe des éditions citées. De temps en temps, je change la ponctuation de l'édition.

2. Boèce (1880), p. 225 : 17-25 : « Sed fortasse quis dicat, quoniam euenire non potest, ut deus omnia futura non nouerit, hinc euenire ut omnia ex necessitate sint, quoniam Deo notitiam rerum futurarum tollere nefas est. Sed si quis hoc dicat, illi uidendum est, quod deum dum omnia scire conatur efficere omnia nescire contendit. Binarium enim numerum esse imparem si quis se scire proponat, non ille nouerit sed potius nescit ».

contingente – d'une manière telle qu'il n'ignore pas qu'elles pourraient arriver autrement... »[1].

Cette réponse semble éluder la question. S'il y a vraiment des événements futurs contingents, *comment* Dieu peut-il les connaître avant qu'ils se produisent ? L'absence de réponse à cet aspect fondamental du problème s'explique par le contexte de cette discussion : la considération du problème théologique n'y est que l'annexe de l'analyse du problème logique. Boèce a vigoureusement défendu, sur plusieurs pages, l'idée qu'une proposition portant sur un événement futur contingent – par exemple, « il y aura demain une bataille navale » – est vraie ou fausse de façon non définie (*indefinite*), mais qu'elle n'est de façon définie ni vraie ni fausse. Comment interpréter cette position[2] ? Boèce veut vraisemblablement dire que n'importe quelle proposition de la forme « <La proposition> "*E* arrivera" est vraie » (où *E* représente un événement) implique que *E* arrivera *par nécessité*. Si *E* est contingent, il faudra plutôt – sous peine d'affirmer ce qui est faux – dire : « *E* arrivera de façon contingente ». Ce sont précisément de telles propositions – « *E* arrivera de façon contingente » – qui constituent, selon le commentaire au *Peri hermeneias*, la prescience divine des futurs contingents. Reste, bien sûr, la difficulté d'expliquer par quel moyen une « prescience » peut avoir pour objet quelque chose qui est soumis au changement, tout en restant science plutôt qu'opinion – difficulté que Boèce élude ici mais qu'il rencontrera dans la *Consolation*, d'une façon trop frontale pour pouvoir la passer sous silence.

---

1. Boèce (1880) : p. 226 : 9-13 : « Nouit enim futura deus non ut ex necessitate euenientia sed ut contingenter, ita ut etiam aliud posse fieri non ignoret, quid tamen fiat ex ipsorum hominum et actuum ratione persciscat ».

2. On a proposé des interprétations très diverses (voir, par exemple, Kretzmann *in* Ammonius et Boèce (1998), p. 29-37) ; j'ai proposé celle qui suit dans Marenbon (2003a), p. 38-41.

§ 2. LA SOLUTION AU PROBLÈME DE LA PRESCIENCE
DANS LA *CONSOLATION* : PREMIÈRE PHASE

De prime abord, l'analyse du problème de la prescience qui constitue la dernière partie (Livre V, 3-6)[1] de la *Consolation* semble être une section absolument à part du reste du dialogue : c'est comme si Boèce, après avoir été consolé par la *Philosophie*, avait décidé de poser une question beaucoup plus abstraite et spéculative que ne l'étaient les thèmes qu'il avait abordés jusqu'alors. En réalité, cette séparation n'est qu'apparente. La section sur la prescience forme une partie intégrale du plan et du raisonnement de la *Consolation*, et il importe de ne pas la considérer isolément si l'on veut arriver à une compréhension intégrale de la pensée de Boèce (voir ci-dessous, § 8). Toutefois, étant donné l'objet qui est le mien dans ce livre, je laisserai de côté les questions plus générales que pose l'interprétation de la *Consolation* pour me focaliser sur cette section[2].

Les deux interlocuteurs du dialogue sont une représentation de Boèce lui-même, prisonnier condamné à mort (on écrira le nom propre en italiques pour rappeler qu'il s'agit du personnage dans la création littéraire, non pas de son auteur), et la *Philosophie*, c'est-à-dire une personnification de la *Philosophie*. C'est *Boèce* qui énonce le problème, sous deux aspects :

1. Dans la *Consolation*, les sections en prose (*prosae*) alternent avec les sections versifiées (*metra*). Les références à la *Consolation* signalent le livre (chiffres romains), la section en prose (chiffres arabes) ou le *metrum* (m + chiffre arabe), et la sous-section des *prosae* ou la ligne des *metra* (chiffres arabes) : par exemple, V.3,8 ; V.m4,5. La meilleure édition du texte latin est celle de Moreschini (Boèce, 2000) ; la numérotation des sections est la même dans l'édition moins récente mais tout aussi bonne de Bieler, dans le Corpus Christianorum (Boèce, 1984). En ce qui concerne les traductions françaises, j'ai consulté la version de Colette Lazam (Boèce, 1989).
2. Les études consacrées à l'analyse précise de l'argument de Boèce sur la prescience ne sont pas très nombreuses : parmi les plus importantes sont Gegenschatz (1966), Courcelle (1967), p. 214-221, Huber (1976), Sharples (1991), p. 41-46 ; et un article qui vient de paraître (Evans, 2004). Jonathan Evans, qui m'avait très gentiment envoyé une version de son étude il y a quelques années, donne une analyse très intéressante, et assez différente de la mienne. Selon moi, son article représente clairement la tendance, chez les philosophes analytiques, d'interpréter Boèce d'une façon qui rend sa position plus cohérente pour eux, mais qui trahit ses intentions. J'ai proposé une analyse, que je reformule ici, dans Marenbon (2003a), p. 125-145.

4. Si Dieu prévoit toutes choses et il ne peut en aucune façon se tromper, il se produit nécessairement ce qu'il a prévu par sa providence (*si cuncta prospicit deus neque falli ullo modo potest, euenire necesse est quod prouidentia futurum esse praeuiderit*) (V. 3,4).

et

5. Si les choses peuvent arriver autrement que l'on ne les a prévues, il n'y aura plus de ferme prescience du futur, mais plutôt une opinion incertaine (*si aliorsum quam prouisa sunt detorqueri ualent, non iam erit futura firma praescientia, sed opinio potius incerta*) (V. 3,6).

Il ne veut nullement accepter ni (5), qui réduirait la divine providence au niveau de l'opinion des hommes, ni (4), qui anéantirait la liberté humaine et donc, selon l'auteur, le caractère juste des récompenses attribuées aux bons et des punitions attribuées aux mauvais, et ainsi tout le système des valeurs morales (V. 3,27-36) : « il ne saurait donc exister ni méfaits ni mérites mais bien plutôt un ensemble confus de comportements mélangés et indifférenciés ».

Boèce expose ensuite la solution de *quidam*, selon lesquels, si (comme on l'admet) la prescience n'impose pas de nécessité causale, elle ne menace pas la liberté humaine (V. 3,7-8). *Boèce* n'accepte pas cette solution. Premièrement, la seule nécessité de ce qui est prévu, même si ce n'est pas la nécessité causale, suffit à éliminer le libre arbitre (V. 3,9-14). D'ailleurs, ajoute-t-il, « c'est véritablement prendre les choses à l'envers que de dire des événements inscrits dans le temps qu'ils sont cause de la prescience éternelle » (V. 3,15 : voir ci-dessous, § 8).

Les trois *prosae* qui suivent présentent la réponse de la *Philosophie*. De fait, la *Philosophie* donne deux groupes, assez différents, de réponses. Dans une première série de raisonnements *Philosophie* donne des arguments non-métaphysiques, qui développent la solution de *quidam* (V. 4,1-22), que *Boèce* vient de rejeter. Si l'on affirme, dit-elle, que la prescience divine entraîne la nécessité de tout ce qui arrive, mais que cette prescience n'est pas la cause de cette nécessité, on doit admettre que tout arriverait par nécessité même s'il n'y avait pas de prescience divine – une supposition qui semble absolument infondée (V. 4,7-13). Elle avance en outre l'exemple d'un char qu'on regarde présentement devant soi. Personne ne doute que, quand le conducteur fait ralentir son char, il agit d'une façon volontaire : il n'est pas contraint par la nécessité. Or, cet événement présent contingent était autrefois un événement futur contingent. Il y a donc des futurs contingents (V. 4,15-20). Les historiens ont négligé ces réponses, pour canaliser leur attention sur le raisonnement métaphysique qui suit – et peut-être à juste raison, parce que ces réponses manquent de précision. Toutefois, il faut reconnaître que Boèce (l'auteur) ne les désavoue jamais. Pourquoi ?

On en trouve un indice dans le passage qui suit l'exposition de ces arguments. La première phrase (V. 4,20) semble résumer le raisonnement qu'elle a proposé : « De même que la connaissance des choses présentes ne confère aucune nécessité à ce qui est en train de se produire, de même la prescience des choses futures n'en confère pas non plus à celles qui sont à venir ». Pourtant, la *Philosophie* continue ainsi :

> Mais c'est bien là, dis-tu, que réside le problème qui est de savoir s'il peut y avoir prescience de ce dont la réalisation n'est pas nécessaire. Car cela semble contradictoire, et tu penses que si les choses sont prévues, leur nécessité s'ensuit, si la nécessité leur fait défaut, elles ne sont nullement préconnues, et que rien peut être embrassé par la science sauf ce qui est certain[1]. (V. 4,21-22)

La *Philosophie* semble vouloir distinguer entre un problème, celui posé par *Boèce* en (4), et un problème différent, celui que *Boèce* présente en (5). Le problème posé par (4), à savoir que la prescience divine confère la nécessité à toute chose, a été résolu, suggère-t-elle, par les arguments qu'elle vient d'avancer. Le problème posé par (5), à savoir qu'on ne peut connaître que ce qui est certain, reste à considérer. Si cette interprétation est exacte, Boèce ne fait pas partie de ceux, parmi lesquels figurent presque tous ceux qui discutent du problème aujourd'hui, qui considèrent qu'il s'agit

---

1. V. 4,21-2 : « Sed hoc, inquis, ipsum dubitatur an earum rerum quae necessarios exitus non habent ulla possit esse praenotio. Dissonare etenim uidentur, putasque si praeuideantur consequi necessitatem, si necessitas desit minime praesciri, nihilque scientia comprehendi posse nisi certum ».

d'une simple question de compatibilité : la prescience divine est-elle compatible avec les futurs contingents, oui ou non[1]. Selon Boèce, une réponse affirmative à cette question ne résout pas (4) *et* (5), mais seulement (4) ; puisque, étant donné que si Dieu prévoyait les événements contingents, ils ne deviendraient pas pour autant nécessaires, il reste à montrer que cette prescience est vraiment possible. D'ailleurs, la question de la compatibilité semble aux yeux de Boèce être assez facile à résoudre. Il n'y a pas besoin de raisonnements subtils ; la perspective n'est pas très différente de celle du commentaire sur le *Peri hermeneias*. En revanche, le problème difficile d'expliquer comment Dieu est capable d'avoir la science de ce qui est soumis au changement, qui avait été négligé dans le commentaire, ne sera résolu qu'au terme d'un raisonnement audacieux.

§ 3. LE PRINCIPE DES MODES DE LA CONNAISSANCE : RÉALISME ET RELATIVISME ÉPISTÉMIQUES

Les observations faites à la fin de la section précédente ne portent pas seulement sur la structure de l'argument boécien ; elles peuvent orienter le lecteur vers la bonne compréhension de ce qui suit, parce qu'elles indiquent le nœud du problème, tel que Boèce le concevait : que les connaissances divines doivent être stables, mais aussi variables. Comprise de cette façon, la question elle-même indique le mode de réponse qui lui convient – une relativisation de la connaissance qui permettra l'existence d'une science à la fois fixe et sujette à changement. La phrase qui suit, qui formule très précisément la position à laquelle Boèce doit s'attaquer, met en évidence cette façon d'aborder le problème :

> Si les choses dont la réalisation est incertaine sont prévues comme si elles étaient certaines, il s'agit là de l'obscurité de l'opinion et non de la vérité de la science. Car tu crois que juger que les choses sont autrement qu'elles ne sont, c'est s'écarter de l'intégrité de la

---

1. En effet, selon la logique *moderne*, mais non pas selon logique boécienne, on se trompe en distinguant ces deux problèmes : voir Marenbon (2003a), p. 130, n. 6 (aux p. 203-204).

science. (V. 4,23) [*Quod si quae incerti sunt exitus ea quasi certa prouidentur, opinionis id esse caliginem non scientiae ueritatem; aliter enim ac sese res habeat arbitrari ab integritate scientiae credis esse diuersum.*].

La *Philosophie* a permis à son adversaire imaginaire de disposer d'un principe – ce que j'appellerai le principe du réalisme – qui semble incontestable. L'adversaire argumente ainsi :

6. Les futurs contingents ne sont pas certains [*incerti sunt exitus*]. [Prémisse]
7. La prescience porte sur ce qui est certain. [Prémisse implicite]
8. Si Dieu prévoit les futurs contingents, il les prévoit comme s'ils étaient certains. [7]
9. Si Dieu prévoit les futurs contingents, il les juge être autres qu'ils ne sont (certains, quand ils sont en réalité incertains). [8,6]
10. Seuls les jugements conformes à la réalité constituent la science. [principe du réalisme]
11. Il n'y pas de pre*science* divine; il est impossible que Dieu connaisse les futurs contingents. [9, 10]

(6) affirme seulement ce qui découle de la définition de la contingence, et (7) serait difficile à nier, puisque *savoir* qu'un événement arrivera implique qu'il est certain qu'il arrivera. L'inférence de (8) à partir de (6) et (7), quoique moins évidente que Boèce ne le suppose, est indéniable, étant donné la supposition implicite qu'on ne préconnaît quelque chose que si on *sait* qu'on le préconnaît. Il s'ensuit qu'on doit croire que ce qu'on préconnaît est sujet à la prescience; mais seul ce qui est certain est sujet à la prescience; donc, il faut croire que ce qu'on préconnaît est certain.

Pour réfuter (6) – (11), il faut contester la prémisse (10), le principe du réalisme – et, de fait, la *Philosophie* va immédiatement rejeter le principe du réalisme, équipée de son propre contre-principe, le principe des modes de la connaissance (en gras ci-dessous) :

La cause de cette erreur est la suivante : que chacun pense qu'il ne connaît tout ce qu'il connaît qu'à partir de la puissance et de la nature de ce qui est connu, alors que c'est tout le contraire qui se passe. En effet, ***tout ce qui est connu n'est pas compris selon sa***

> *puissance, mais bien plutôt selon les capacités de ceux qui le*
> *connaissent*[1].

Les paragraphes qui suivent, jusqu'à la fin de cette *prosa*
(V. 4,26-39), explicitent ce que la *Philosophie* veut dire en proposant ce principe. Elle expose en effet un système de relativisation de
la connaissance très compliqué, selon lequel on distingue entre les
niveaux de la connaissance (l'intelligence, la raison, l'imagination,
les sens). Pour chaque niveau, il y a un objet propre de la connais-
ance – par exemple, l'objet propre de la raison est la forme abstraite,
et l'image est celui de l'imagination. Supposons qu'il s'agisse de
connaître *X*, un homme particulier : les sens connaîtront directement
cette substance particulière corporelle, mais l'imagination, la raison
et l'intellect ne connaîtront *X* qu'en connaissant un objet qui sera
propre à leur façon de connaître : ainsi, la raison le connaîtra en
connaissant l'universel abstrait, l'homme, et l'intelligence connaîtra cet homme (et toute chose) en connaissant la forme. Bien
qu'indirect, le savoir du niveau supérieur inclut tout ce qui est
compris dans le savoir des niveaux inférieurs.

Les détails de ce système ne sont pas peut-être très importants[2],
puisque la *Philosophie* n'aura pas l'occasion de les utiliser dans
l'exposé qui suit : elle devra se concentrer sur un seul niveau de la
connaissance – le savoir divin, et elle cherchera à expliquer non pas
la connaissance d'une chose telle que l'on pourrait distinguer l'être
matériel, l'image et l'universel abstrait, mais la connaissance d'un
événement. Le système qu'elle a esquissé ne fournit pas un plan pour
comprendre la prescience divine, mais offre plutôt une analogie[3].

---

1. V. 4,24-25 : « Cuius erroris causa est quod omnia quae quisque nouit ex ipsorum
tantum ui atque natura cognosci aestimat quae sciuntur. Quod totum contra est : omne
enim quod cognoscitur non secundum sui uim sed secundum cognoscentium potius
comprehenditur facultatem ».

2. Voir Marenbon (2003a), p. 132-134 pour une analyse de ce passage et ses liens
avec la pensée des néoplatoniciens grecs tels que Proclus et Ammonius. J'y aborde
également l'argument (peu important) de la *prosa* 5 (p. 135).

3. Un passage qui offre un indice précieux pour la bonne compréhension de cette
analogie est V. 6,36 : « Haud igitur iniuria diximus haec si ad diuinam notitiam referan-
tur necessaria, si per se considerentur necessitatis esse nexibus absoluta, sicuti omne
quod sensibus patet si ad rationem referas uniuersale est, si ad se ipsa respicias
singulare ».

Quelle est donc la signification de cette analogie? Elle permet de rejeter le principe du réalisme pour lui substituer celui des modes du savoir. De même qu'en ce qui concerne la connaissance de ce qui, selon les sens, est une chose matérielle, l'imagination, la raison et l'intelligence ne se trompent pas en comprenant la chose comme immatérielle, de même Dieu ne s'égare pas en comprenant comme certain un événement qui, selon le point de vue d'un observateur rationnel humain reste tout à fait incertain. En d'autres termes, la *Philosophie* admet un certain relativisme dans son épistémologie, mais c'est un relativisme mitigé, puisqu'il est hiérarchisé : bien que la vérité soit, en un certain sens, multiple, elle ne doute nullement que la vérité parfaite, qui inclut et dépasse toutes autres, soit celle du savoir divin.

§ 4. LA SOLUTION AU PROBLÈME DE LA PRESCIENCE
DANS LA *CONSOLATION* : DEUXIÈME PHASE

Après sa digression sur les différents modes de la connaissance, la *Philosophie* revient à ce qui est central pour le problème de la prescience : le mode de savoir de Dieu. Elle reformule le principe des modes de la connaissance d'une façon qui lui permettra de mieux aborder cette question : « Tout ce qui est connu, est connu non pas à partir de sa propre nature mais à partir de la nature de ceux qui le connaissent » (V. 6,1 : *omne quod scitur non ex sua sed ex comprehendentium natura cognoscitur*). Il faut donc se demander quelle est la nature de Dieu, afin de comprendre quel est son mode de savoir. Évidemment, il ne s'agit pas de n'importe quel aspect de la nature divine (son omnipotence ou sa bonté, par exemple), mais de ce qui dans sa nature peut expliquer la façon selon laquelle Dieu connaît toute chose.

La *Philosophie* n'hésite pas à identifier l'attribut divin qui lui permettra de résoudre le problème de la prescience : c'est l'éternité. « Que Dieu soit éternel, voilà un jugement que partagent tous les gens qui vivent en accord avec la raison », dit-elle (V. 6,2); mais qu'est-ce que cette éternité divine, continue-t-elle? Je discuterai ci-dessous (§ 7) les différentes interprétations du concept boécien d'éternité divine. Je me limite donc ici à ce qui est absolument clair et indiscutable dans l'exposé de la *Philosophie*. Elle veut distinguer assez nettement entre une conception du temps sans fin, qu'elle appelle la «perpétuité» (V. 6,14) – comme la durée du monde d'après Aristote, qui jugeait qu'«il ne commence ni ne cesse jamais d'être» (V. 6,6) – et l'éternité divine qui est, selon une définition qui deviendra classique, «la possession parfaite, entière et simultanée de la vie illimitée» (V. 6,4 : *interminabilis uitae tota simul et perfecta possessio*). Que l'éternité divine boécienne doive être caractérisée comme «atemporelle» ou non reste à vérifier, mais ce que la *Philosophie* dit explicitement, c'est que Dieu n'est pas soumis à la condition du temps (V. 6,6).

Dieu jouit donc d'une éternité hors de la condition du temps. Quel est le lien entre cette doctrine et le problème de la prescience? Le passage qui suit immédiatement la présentation de la nature de l'éternité divine explique clairement comment la *Philosophie* conçoit ce rapport. Elle commence avec un syllogisme :

> 12. [pr. maj.] Tout jugement embrasse selon sa propre nature ce qui lui a été soumis.
> 13. [pr. min.] Dieu a une nature toujours éternelle et présente.
> 14. [conclusion] La science de Dieu demeure permanente dans la simplicité du présent et, embrassant les espaces infinis du passé et du futur, les considère tous dans son mode de connaissance simple comme s'ils étaient déjà en train de s'accomplir[1].

Rappelons l'objection (que la *Philosophie* s'est posée, imaginant ce que *Boèce* voulait dire) à laquelle la *Philosophie* s'efforce de répondre. Cette objection s'appuyait sur le principe du réalisme (10 ci-dessus) : seuls les jugements conformes à la réalité constituent la science. La prescience des contingents n'implique-t-elle pas une absence de conformité à la réalité? Seules les choses qui sont par nature certaines peuvent faire l'objet de la connaissance ou peuvent

---

1. V. 6,15 : «Quoniam igitur omne iudicium secundum sui naturam quae sibi subiecta sunt comprehendit, est autem deo semper aeternus ac praesentarius status, scientia quoque eius omnem temporis supergressa motionem in suae manet simplicitate praesentiae infinitaque praeteriti ac futuri spatia complectens omnia quasi iam gerantur in sua simplici cognitione considerat».

être objet de connaissance, tandis que les choses contingentes sont incertaines. La réponse initiale était le principe des modes de la connaissance : tout ce qui est connu n'est pas compris selon sa puissance, mais plutôt selon les capacités de ceux qui le connaissent. On ne doit donc pas conclure qu'une compréhension des futurs contingents comme certains soit un malentendu, si celui qui les connaît a la capacité de les connaître avec certitude. La *Philosophie* utilise maintenant la nature éternelle de Dieu (prémisse mineure : 13) pour expliquer *comment* Dieu a la capacité de connaître toutes choses avec certitude. Dieu connaît toute chose avec certitude, parce qu'il connaît toutes les choses – passées, présentes, futures – *comme si elles étaient présentes* (conclusion : 14). La *Philosophie* elle-même affirme :

> Si tu veux te faire une idée de sa prescience, par laquelle il discerne toutes choses, tu seras plus proche de la vérité si tu la considères non pas comme la prescience, pour ainsi dire, du futur mais la science d'un instant qui jamais ne passe. Pour cette raison on préfère l'appeler *pro*vidence et non *pré*voyance... [1];

et elle ajoute, quelques lignes plus loin :

> ... si on peut se permettre de comparer le présent divin au présent humain, de même que vous voyez certaines choses dans ce présent temporel qui est le vôtre, de même il voit toutes choses dans son présent éternel [2].

La *Philosophie* propose deux illustrations qui toutes deux mettent en évidence le parallélisme entre le présent divin éternel et le présent humain temporel. En premier lieu (V. 6, 18), elle demande pourquoi on croit que ce qui arrive sous le regard de la lumière divine (littéralement : ce sur quoi se répand la lumière divine) devient de ce fait nécessaire, tandis que les regards humains ne rendent pas leurs objets nécessaires. En second lieu (V. 6,22), elle observe que Dieu est capable, en un seul regard de son intelligence,

<hr/>

1. V. 6,16-17 : « Itaque si praesentiam pensare uelis qua cuncta dinoscit, non esse praescientiam quasi futuri sed scientiam numquam deficientis instantiae rectius aestimabis. Unde non praeuidentia sed prouidentia potius dicitur... ».
2. V. 6,20 : « Atqui si est diuini humanique praesentis digna collatio, uti uos uestro hoc temporario praesenti quaedam uidetis ita ille omnia suo cernit aeterno ».

de discerner ce qui arrivera par nécessité et ce qui arrivera de façon contingente (*necessarie quam non necessarie uentura*), tout comme les hommes peuvent voir en même temps un homme se promenant sur la terre et le soleil qui se lève dans le ciel, tout en voyant la première action comme une action volontaire, la seconde comme l'effet de la nécessité.

La *Philosophie* résume ce qu'elle a établi en une formule. Les choses futures contingentes sont « présentes chez lui, mais, soumises à la condition du temps, futures » (V. 6,23 : *rerum... apud se quidem praesentium ad condicionem uero temporis futurarum*). Il existe cependant – cette formule elle-même le manifeste – un problème majeur d'interprétation. La réponse de la *Philosophie*, selon laquelle la connaissance divine des événements futurs est mise en parallèle avec la connaissance humaine du présent, peut être interprétée de deux façons différentes, dont l'une peut être rapprochée de la solution « boécienne » déjà évoquée au premier chapitre. On peut l'appeler la solution *réaliste*, parce qu'elle se fonde sur une conception particulière de la nature des *choses*. Selon cette conception réaliste, rien n'est en réalité ni passé ni futur par rapport à Dieu, puisque la relation entre l'éternité divine et le temps est telle que l'éternité et n'importe quel instant du temps sont simultanés. Par conséquent, si Dieu comprend toute chose comme présente, c'est parce que, par rapport à lui, toute chose est en effet présente. Pourquoi postuler cette relation de simultanéité ? Selon de nombreux philosophes de la religion contemporains, elle est la conséquence de l'atemporalité de l'éternité de Dieu, qui ne permet aucune relation temporelle entre Dieu et les choses sujettes au temps : elles ne sont qu'« atemporellement présentes » à lui[1]. Je nommerai cette version de l'interprétation réaliste – la seule qui a retenu l'attention des exégètes de la *Consolation*[2] – « l'interprétation réaliste atemporelle ». On peut, cependant, interpréter autrement la réponse de la *Philosophie*, comme une solution de nature *épistémique* : on ne

---

1. Il faut signaler que je n'admets pas en fait que cette position soit cohérente. Si Dieu est vraiment atemporel, il n'y a pas de relations temporelles entre lui et les choses qui sont dans le temps : elles ne sont pour lui pas ni passées, ni futures, *ni présentes*.

2. On doit néanmoins admettre qu'en principe il pourrait exister des versions de l'interprétation réaliste qui ne se fondent pas sur l'atemporalité de l'éternité divine.

prétend alors pas que ce qui est au futur ou au passé n'est pas futur ou passé par rapport à Dieu ; on propose plutôt que Dieu a la capacité de connaître les événements qui sont futurs comme s'ils étaient présents : en les connaissant ainsi, *il ne les connaît pas comme ils sont en eux-mêmes.*

Quelle est l'interprétation correcte ? Malgré la faveur dont la première a joui, au point qu'on nomme cette position réaliste (dans sa version atemporelle) la « réponse boécienne », c'est plus probablement la deuxième qui représente le véritable sens de l'argument de Boèce. Il y a, tout d'abord, un passage plus loin dans le texte qui parle explicitement du mode de connaissance divin conformément à la seconde interprétation : « … le regard divin parcourt d'avance tout ce qui est futur et le ramène et le fait revenir dans le présent de son propre mode de connaissance… » (V. 6,40 : *Omne namque futurum diuinus praecurrit intuitus et ad praesentiam propriae cognitionis retorquet ac reuocat*). On remarque aussi que, dans la plupart des cas, la *Philosophie ne dit pas que les choses passées ou futures* sont présentes à Dieu, mais qu'elles sont pour lui *comme si* elles étaient présentes : par exemple : *omnem temporis supergressa motionem… omnia quasi iam gerantur in sua simplici cognitione considerat* (V. 6,15) ; … *si praesentiam pensare uelis… non esse praescientiam quasi futuri…* (V. 6,16) ; *quasi ab excelso rerum cacumine cuncta prospiciat* (V. 6,17) ; *uti uos uestro hoc temporario praesenti quaedam uidetis, ita ille omnia suo cernit eterno* (V. 6,20)[1].

Ce qui est plus important est que la structure entière de l'argument de la *Philosophie* ne s'explique que selon l'interprétation épistémique. Dans le discours de la *Philosophie*, le principe des modes de la connaissance joue un rôle très important ; la *Philosophie* consacre plus d'espace à expliquer celui-ci qu'à élucider la nature de l'éternité divine. Inversement, dans le contexte de l'interprétation réaliste, le principe des modes de la connaissance semble absolument superflu. La *Philosophie* aurait pu procéder à l'analyse de

---

1. Il y a cependant quelques cas où la *Philosophie* n'utilise pas de « uelut » ou « ut » en parlant du présent de la connaissance divine – e.g. (V. 6,31) : « Atqui deus ea futura quae ex arbitrii libertate proueniunt praesentia contuetur ».

l'éternité divine immédiatement après avoir posé le problème
soulevé par (5) (en V. 4,21) – la prescience des futurs contingents
est-elle vraiment possible? – ce qui lui aurait fourni une réponse plus
directe. Selon cette interprétation dans sa version atemporelle, la
Philosophie propose que, pour Dieu, toute chose est *en vérité*
« présente » (en un sens atemporel), parce que la présence atemporelle est la seule relation quasi-temporelle possible entre un étant
atemporel (Dieu) et ce qui est soumis au temps. Dieu connaît donc
toutes les choses exactement comme elles sont en réalité par rapport
avec lui : ainsi, selon cette interprétation, il serait vrai pour un observateur neutre de dire que toutes les choses sont intemporellement
présentes à Dieu. En conséquence, le principe des modes de la
connaissance ne sera pas d'aucune utilité, parce qu'il vise précisément à expliquer comment les jugements non-conformes à la réalité
peuvent relever de la science et il vise à contredire ainsi le principe
du réalisme (au-dessus, 10).

Le défenseur de l'interprétation réaliste atemporelle pourrait
cependant répondre que sa perspective ne rend pas le principe des
modes de la connaissance superflu. En affirmant que la connaissance divine de toute chose comme présente a pour conséquence la
vérité réaliste que toutes les choses sont comme présentes à Dieu
(parce qu'il est atemporel, et qu'elles sont soumises au temps), il ne
nie pas que « tout ce qui est connu, est connu non pas à partir de sa
propre nature mais à partir de la nature de ceux qui le connaissent »
(reformulation du principe en V. 6,1). Les événements futurs (par
rapport à nous) sont précisément connus par Dieu à partir de sa
propre nature, qui est d'être atemporel ou, comme on pourrait le
caractériser, éternellement présent; ils sont donc connus comme
présents par rapport à lui. Cette réponse est cependant moins
convaincante qu'elle ne semble. Elle réduit le principe des modes de
la connaissance à signifier que, si X juge sa relation chronologique à
un événement E (c'est-à-dire, si E est passé, présent ou futur), il doit
se fonder sur sa propre position chronologique – Jules César aurait
eu raison de juger le début du deuxième millénaire comme un
événement futur, quoiqu'il soit pour nous du passé – et que, quand il
s'agit de Dieu, cette position est à déterminer à partir de sa nature

atemporelle, qui implique qu'il n'y a pour lui absolument aucune
position chronologique et que toute chose est présente à lui d'une
façon atemporelle. Si la *Philosophie* avait simplement voulu défen-
dre cette thèse si modeste, pourquoi se serait-elle lancée dans le relativisme (certes assez mitigé) du principe des modes de la connaissance, tel qu'elle l'a exposé dans les *prosae* 4 et 5 ?

§ 5. LA SOLUTION AU PROBLÈME DE LA PRESCIENCE
DANS LA *CONSOLATION* : TROISIÈME PHASE – LES DEUX NÉCESSITÉS

On pourrait croire qu'après avoir réuni le principe des modes de
la connaissance avec sa conception de l'éternité divine pour
répondre au problème proposé par *Boèce* en (5), la *Philosophie*
serait arrivée au terme de son explication. Pourtant, à ce point, elle
introduit une distinction nouvelle. Il y a, dit-elle, deux nécessités,
l'une simple, l'autre conditionnée. Du fait que l'interprétation du
passage est controversée, je cite celui-ci en entier :

> § 27. Il est en effet deux nécessités : l'une, simple, comme celle-ci :
> qu'il est nécessaire que tous les hommes soient mortels, l'autre,
> conditionnée, par exemple, si l'on sait que quelqu'un marche, il est
> nécessaire qu'il marche. § 28. Car ce que tout le monde sait ne peut
> être autrement que la connaissance qu'on en a, et pourtant cette
> condition n'entraîne nullement avec elle cette nécessité simple.
> § 29. En effet cette nécessité ne résulte pas de la nature propre
> d'une chose, mais de l'adjonction d'une condition; car aucune
> nécessité ne contraint à avancer celui qui marche de sa propre
> volonté, bien qu'au moment où il marche, il est nécessaire qu'il
> avance. Ainsi, par conséquent, si la providence voit une chose
> présente, cette chose est nécessairement, bien qu'elle ne comporte
> aucune nécessité attachée à sa nature. Or Dieu voit présentes les
> choses futures qui résulteront du libre arbitre. Ces choses
> deviennent donc nécessaires par rapport au regard divin en tant
> que soumises à la condition de la connaissance divine, mais

considérées en elles-mêmes, elles ne perdent pas l'absolue liberté de leur nature[1].

Je proposerai la lecture du passage qui me semble être la plus exacte; ci-dessous (§ 6) on en considérera une interprétation différente. La nature de la nécessité simple ne pose pas de problème. La *Philosophie* parle de la nécessité des lois générales – nécessité plutôt physique et biologique que logique (en effet, on ne distinguera pas la nécessité logique, au sens moderne, de cette nécessité plus large, qu'au treizième siècle). La nécessité conditionnée a une signification moins évidente. La *Philosophie* en donne deux exemples :

(a) Si on sait que quelqu'un marche, il est nécessaire qu'il marche.
(b) Pour celui qui marche de sa propre volonté… au moment où il marche, il est nécessaire qu'il avance.

L'exemple (a) se fonde, comme elle l'explique, sur la définition de la connaissance : « ce qu'on sait ne peut être autrement que la connaissance qu'on en a ». En (b) elle pense sans doute à la nécessité « aristotélicienne » du présent, donc à la déclaration célèbre du *Peri hermeneias* 19a23 : « ce qui est, est nécessairement, au moment où il est ». La conception de la modalité que cette affirmation révèle n'est pas celle des logiciens modernes. Ceux-ci utilisent, pour expliciter la sémantique de leurs systèmes symboliques, l'idée leibnizienne des mondes possibles. En ce moment (14 juillet, 2004, à 21h13), je me tiens debout – c'est-à-dire, je me tiens debout dans le monde actuel; mais dans un autre monde possible, je suis assis en ce

---

1. V. 6,27-31 : « Duae sunt etenim necessitates, simplex una, ueluti quod necesse est omnes homines esse mortales, altera condicionis, ut si aliquem ambulare scias eum ambulare necesse est. § 28. Quod enim quisque nouit id esse aliter ac notum est nequit, sed haec condicio minime secum illam simplicem trahit. § 29. Hanc enim necessitatem non propria facit natura sed condicionis adiectio; nulla enim necessitas cogit incedere uoluntate gradientem, quamuis eum tum cum graditur incedere necessarium sit. § 30. Eodem igitur modo, si quid prouidentia praesens uidet, id esse necesse est tametsi nullam naturae habeat necessitatem. § 31. Atqui deus ea futura quae ex arbitrii libertate proueniunt praesentia contuetur; haec igitur ad intuitum relata diuinum necessaria fiunt per condicionem diuinae notionis, per se uero considerata ab absoluta naturae suae libertate non desinunt ».

moment précis (ou, peut-être – selon certains logiciens – ce n'est pas moi mais mon homologue qui est assis en ce moment dans un autre monde possible). On peut donc dire sans contradiction :

> 15. L'homme se tient debout en t_1, et il est possible qu'il soit assis en t_1.

tandis qu'Aristote aurait insisté pour dire que (15) est fausse parce que, selon lui, elle entraîne :

> 16. Ceci est possible : (l'homme se tient debout en t_1, et il est assis en t_1.

ce qui évidemment est inadmissible[1]. On n'a pas besoin ici d'entrer dans les détails (et les problèmes d'interprétation) de la position aristotélicienne, ni de rapporter à ses origines médiévales la conception leibnizienne[2]; il suffit de se rendre compte que Boèce considérait la nécessité du présent comme allant de soi. En revanche, personne ne pensait que cette nécessité du présent puisse menacer le libre arbitre, et la *Philosophie* elle-même affirme cette position : « ... *aucune nécessité ne contraint à avancer celui qui marche de sa propre volonté*, bien qu'au moment où il marche, il est nécessaire qu'il avance »[3].

Dire qu'une chose est soumise à la nécessité conditionnée (et non pas à la nécessité simple, que la nécessité conditionnée n'entraîne pas) signifie qu'en elle-même elle n'est pas nécessaire, mais qu'elle est nécessaire par rapport à quelque chose – par exemple, par rapport au fait qu'elle se déroule dans le moment présent, ou par rapport au fait que quelqu'un sait qu'elle se produit en ce moment. La *Philosophie* peut donc affirmer son relativisme, en disant que les choses sont en même temps nécessaires (par rapport au regard divin), et contingentes en elles-mêmes. De plus, elle veut souligner le parallèle entre la nécessité aristotélicienne du présent et la nécessité conditionnée de toutes choses, parce que toutes choses sont vues par Dieu comme présentes. Tout le monde accepte que la nécessité du présent ne contraint personne; la *Philosophie* veut montrer que le

---

1. Voir Knuuttila (1993), p. 1-18.
2. Voir également l'étude de Knuuttila (1993), et aussi voir *infra*, chapitre III, § 2.
3. Cf. *supra*, § 29 du passage cité.

cas de la connaissance divine toujours présente est identique : bien que la connaissance divine impose une sorte de nécessité par rapport à elle, cette nécessité, comme la nécessité du présent, laisse intact le libre arbitre. Un passage du deuxième commentaire de Boèce sur le *Peri hermeneias* confirme que cette interprétation de la nécessité conditionnée est correcte[1]. Il distingue également ici entre deux nécessités, dont l'une est « simple » (*simplici praedicatione profertur*), l'autre conditionnée (*cum conditione dicitur*) et, utilisant les mêmes mots que la *Philosophie*, il dit que la nécessité conditionnée n'implique pas la nécessité simple (241 : 20-1 : *ista cum condicione quae proponitur necessitas non illam simplicem secum trahit*; cf. *De consolatione* V, 6,28 : *sed haec condicio minime secum illam simplicem trahit*). Or Boèce dit ici sans la moindre hésitation que la nécessité conditionnée équivaut à la nécessité du présent :

> L'autre nécessité, qu'on dit avec une condition, se trouve, par exemple, quand nous disons qu'il est nécessaire que Socrate soit assis, au moment où il est assis, et qu'il est nécessaire qu'il ne soit pas assis au moment où il n'est pas assis[2]...

Pourquoi la *Philosophie* ajoute-t-elle cette distinction à un raisonnement qui semble déjà achevé ? Elle en indique elle-même la raison, parce qu'elle présente ces observations comme la réponse à une objection hypothétique : que ce que Dieu voit comme allant arriver ne peut pas ne pas arriver – et que ce qui ne peut pas ne pas arriver se produit par nécessité[3]. C'est effectivement le problème posé par (4), qu'on avait supposé résolu par la première partie de la réponse de la *Philosophie*. N'est-elle pas trop scrupuleuse en le

---

1. Boèce (1880), p. 241 : 1-243 : 28.

2. Je donne un extrait un peu plus long : Boèce (1880), p. 241 : 7-20 : « Altera uero quae cum condicione dicitur talis est : ut cum dicimus Socratem sedere necesse est cum sedet, et non sedere necesse est cum non sedet. Nam cum idem eodem tempore sedere et non sedere non possit, quicumque sedet non potest non sedere, tunc cum sedet : igitur sedere necesse est. Ergo quando quis sedet tunc cum sedet eum sedere necesse est. Fieri enim non potest ut cum sedet non sedeat. Rursus quando quis non sedet, tunc cum non sedet, eum non sedere necesse est. Non enim potest idem non sedere et sedere. Et potest ista esse cum condicione necessitas, ut cum sedet aliquis, tunc cum sedet, ex necessitate sedeat, et cum non sedet, tunc cum non sedet, ex necessitate non sedeat ».

3. V. 6,25 : « Hic si dicas quod euenturum deus uidet id non euenire non posse, quod autem non potest non euenire id ex necessitate contingere... ».

soulevant une nouvelle fois ? Peut-être. Elle a cependant raison de
vouloir rassurer son auditeur en disant que les événements futurs
sont certains par rapport à la connaissance divine qui les rend
connaissables, elle n'a pas du même coup affaibli la solution déjà
proposée pour (4). Cette solution, montre-t-elle, reste sûre, puisque
la connaissance divine est comme notre connaissance du présent, et
que ce qui est présent, bien que nécessaire, n'est pas en conséquence
soumis à une nécessité contraignante, incompatible avec le libre
arbitre. En outre, la *Philosophie* a renforcé sa réponse à (5) en
introduisant l'idée de la nécessité du présent : c'est en effet parce
que ce qui est présent est nécessaire, donc certain, que nous pouvons
le connaître ; et parce que tout ce qui est futur est présent par rapport
au regard divin que Dieu peut le connaître.

On pourrait donc résumer assez simplement la solution que
donne la *Philosophie* au problème de la prescience. Si la prescience
divine ne cause pas les événements futurs contingents, elle ne peut
pas les rendre nécessaires. Reste, cependant, le problème que seules
les choses certaines sont objet de la connaissance (par contraste avec
l'opinion), et que pour être certaines, elles doivent être nécessaires.
Ce qui est présent est nécessaire, donc certain ; mais les futurs
contingents ne sont en eux-mêmes ni nécessaires ni certains.
Pourtant, Dieu connaît tout d'une façon qui ressemble à notre
connaissance du présent. Par rapport à son regard, les choses futures
sont présentes, donc nécessaires et certaines et, en conséquence,
connaissables. De fait, notre connaissance de ce qui arrive au
présent offre une analogie très pertinente avec le savoir divin, parce
que tout ce qui est, au moment où il est, est nécessairement, et que
pourtant cette nécessité du présent ne contraint personne ; elle ne
menace pas le libre arbitre.

§ 6. La solution « boécienne » et la logique propositionnelle

On sera frappé par la différence entre l'argument esquissé
ci-dessus et les versions différentes de la « solution boécienne »
évoquées au premier chapitre. Il y a, on se souvient, trois versions
de cette solution, dont l'une, la plus stricte, s'appuyant sur

l'atemporalité de l'éternité divine, se présente comme une réponse à l'argument de la nécessité accidentelle (c'est-à-dire, à I.8-14); la deuxième, un peu plus large, est conçue comme la réponse à une formulation moins technique de l'argument de la nécessité accidentelle, tel l'argument de Pike (I.15-22); la troisième, la plus large, qui n'insiste que sur l'éternité atemporelle, équivaut à ce que j'ai caractérisé comme l'interprétation réaliste atemporelle de la théorie proposée par la *Philosophie* (interprétation erronée, à mon avis). Je discuterai des questions soulevées par cette dernière – questions qui portent sur le concept d'éternité – dans la prochaine section.

Il ne manque pas de philosophes contemporains appartenant à la tradition analytique anglophone (spécialistes, pour la plupart, de philosophie de la religion) pour proposer la version la plus stricte de la « solution boécienne »; ils la conçoivent comme une version anticipée de la réponse que Thomas d'Aquin allait élaborer sept siècles plus tard. Voici trois exemples : (1) Fischer (1989) a édité une collection d'études sur *God, Foreknowledge, and Freedom*; on compte parmi les auteurs les philosophes américains de la religion les plus célèbres, tels Nelson Pike, Alvin Plantinga, Marilyn McCord Adams et William Alston. Dans son introduction, Fischer identifie un argument fondamental (qu'il appelle « The Basic Argument ») servant à établir l'incompatibilité entre la contingence et la prescience divine. La première version de l'argument (il y en a trois) est une formulation complexe de l'argument de la nécessité accidentelle, et les deux autres versions sont, de fait, des adaptations du même principe. Parmi les réponses à cet argument, Fischer cite celle de Thomas d'Aquin – que, dit-il, on croit être aussi celle de Boèce [1]; et dans une des études du livre, « Boethius on Divine Foreknowledge » (Davies, 1983), Martin Davies suppose également que Boèce répond à un argument qu'il formule (Fischer, 1989, p. 276) comme l'argument de la nécessité accidentelle. (2) Dans son étude ambitieuse et sophistiquée du temps et de l'éternité, Brian Leftow

---

1. Fischer (1989), p. 49 : « Another way of blocking the Basic Argument is to deny another one of its assumptions : the temporal interpretation of God's eternality... On this approach, God's beliefs are not in the past, and thus it appears that a human agent could have the power to do otherwise without thereby having the power so to act that the past would have been different from what it actually was ».

(1991) commence le chapitre sur «Boethius: Foreknowledge, Eternity, and Simultaneity» en présentant les trois prémisses de l'argument de la nécessité accidentelle et en observant que «Boèce et ceux qui le suivent... opposent à cet argument l'idée que Dieu n'est pas dans le temps»[1]. (3) Dans son livre récent, Linda Zagzebski (1991) donne l'étiquette «the Boethian solution» à la réponse à l'argument de la nécessité accidentelle qui refuse (I. 12) parce que Dieu n'est pas dans le temps[2].

Ces philosophes pourraient cependant devancer n'importe quelle critique qui serait faite de leurs interprétations en faisant observer qu'ils sont des philosophes, non pas des historiens; qu'ils cherchent à élucider un problème relevant de la philosophie de la religion – le problème de la prescience; et qu'ils se réfèrent certes aux philosophes du passé, mais qu'en ce qui concerne leur projet, il importe peu que la lecture qu'ils proposent reste fidèle à ce que ces penseurs de l'Antiquité ou du Moyen Âge voulaient dire. Je reviendrai sur cette question méthodologique au dernier chapitre. Pour l'instant, il suffit de préciser qu'il ne s'agit pas ici d'attaquer ces philosophes contemporains, mais de comprendre ce qu'ils ont proposé. Même s'ils admettent volontiers qu'ils discutent d'une solution «boécienne» – entre guillemets, et non pas de la solution de Boèce, ils contribuent à façonner une certaine image de Boèce et de sa prise de position sur la prescience dans la tradition philosophique anglophone. Il est donc légitime de démontrer pourquoi le cadre dans lequel ils prennent les raisonnements de la *Philosophie* les déforme totalement.

---

1. Leftow (1991), p. 160. Les trois prémisses de l'argument de la nécessité accidentelle qu'il donne son: (1) «There are truths about future human actions»; (2) «Necessarily, God at all times believes all and only truths» [cf. I.10]; (3) «What is past is beyond any human being's power to affect». [cf. I.11].

2. Zagzebski (1991), p. 37-39. Elle hésite cependant entre cette conception de la réponse boécienne, et la conception plus large: «It has been argued that Boethius does not fully appreciate the way in which God's infallible beliefs about the future threaten human free will. As far as I can see, however, it matters not at all whether he appreciates the force of the strongest form of the dilemma, since his theory on God's eternity is applicable to any version of the dilemma in which the temporal order is relevant». Bien sûr, sa théorie est «applicable», mais s'il n'envisageait pas du tout le problème, on aurait du mal à concevoir comment on pourrait dire qu'il l'a résolu.

L'argument de la nécessité accidentelle présuppose l'invalidité de ce que j'ai appelé «l'argument naïf contre la contingence» (I.1-6). Son point de départ est que, pour arriver à la conclusion Lp, on a besoin non pas seulement des prémisses Kp et L(K$p \to p$)[1] – les prémisses dont l'argument naïf essaie de manière sophistique de dériver sa conclusion – mais aussi de la prémisse LKp[2] (que l'on affirme en se fondant sur le concept de la nécessité accidentelle du passé). Celui qui se laisse tromper par l'argument naïf, ne comprend donc absolument pas l'argument de la nécessité accidentelle; et on ne peut pas répondre à un argument qu'on ne comprend absolument pas (même si on propose par hasard une idée qui est effectivement incompatible avec sa conclusion).

Or, Boèce se laisse tromper par l'argument naïf. Les deux formulations du problème avancées par *Boèce* au début de V. 4 (ci-dessus, (4) et (5)) révèlent cette erreur. Examinons, par exemple, (4) («Si Dieu prévoit toutes choses et s'il ne peut en aucune façon se tromper, il se produit nécessairement ce qu'il a prévu par sa providence» (V. 3,4)). «Dieu prévoit toutes choses» équivaut d'une certaine façon à la prémisse «Kp» (où on peut substituer à p n'importe quelle proposition vraie), et «il ne peut en aucune façon se tromper» à «L(K$p \to p$), et la conclusion à «Lp». Bien sûr, *Boèce* parle de la *pre*science, plutôt que de la connaissance, mais rien ne permet de penser qu'il considère que l'inférence *se fonde* sur la circonstance que la connaissance précède ce qui est connu. En réalité, il indique le contraire, quand il explicite, quelques lignes plus loin, la raison pour laquelle on ne peut pas répondre simplement que la prescience n'est pas la *cause* des événements futurs; car il présente ici ses exemples au temps présent :

> Et de fait, si quelqu'un est assis, il est nécessaire que l'opinion selon laquelle on suppose qu'il est assis soit vraie; et inversement, si l'opinion, à propos de quelqu'un, selon laquelle il est assis, est

---

1. Cf. I.I/1.8 et I.2/I.10.
2. Cf. I.13.

vraie, il est nécessaire qu'il soit assis. Donc dans les deux cas, il y a nécessité… [1]. (V. 3,10-11)

En revanche, ici, ce n'est pas Boèce, mais *Boèce*, qui parle. Peut-être l'auteur Boèce a-t-il permis au personnage fictif *Boèce* de se tromper au début de l'exposé, afin de donner plus tard (par l'intermédiaire de la *Philosophie*) une analyse du sophisme qui se cache dans l'argument naïf. Plus d'un commentateur a en effet affirmé que la distinction entre la nécessité simple et la nécessité conditionnée doit être comprise comme la résolution de ce sophisme [2]. Cette distinction entre les deux nécessités n'équivaut-elle pas à la distinction existant entre ce que les auteurs du treizième appelleraient la « nécessité du conséquent » (*necessitas consequentis*) et la « nécessité de la conséquence » (*necessitas consequentiae*) – c'est-à-dire entre Lq (nécessité simple / du conséquent) et $L(p \to q)$ (nécessité conditionné / de la conséquence) ? Dans la proposition hypothétique « Si l'homme marche, il avance », il n'y a donc pas de nécessité simple, ou du conséquent, parce que le conséquent « il avance » n'est pas nécessaire (il se peut que l'homme se tienne immobile) ; il y a cependant de la nécessité conditionné, ou de la conséquence (c'est-à-dire, nécessité de la proposition hypothétique en son entier), parce qu'il est en effet nécessaire que : (si l'homme marche, il avance).

Il y a cependant une objection forte, et deux objections incontournables à cette interprétation séduisante. L'objection forte est simplement que l'interprétation proposée au § 5, selon laquelle la nécessitée conditionnée se fonde sur la nécessité aristotélicienne du présent, est celle qui s'accorde avec le texte boécien, et qui est d'ailleurs confirmée par le commentaire sur le *Peri hermeneias*. Quant aux objections incontournables : premièrement, si la *Philo-*

1. V. 3,10-11 : « Etenim si quispiam sedeat, opinionem quae eum sedere coniectat ueram esse necesse est ; atque e conuerso rursus si de quopiam uera sit opinio quoniam sedet, eum sedere necesse est. In utroque igitur necessitas inest… ».
2. Voir Sharples (1991), p. 219 : « … a distinction which Boethius… will introduce in V. 6,27. While it necessarily follows from the fact that you are sitting that the opinion "you are sitting" is true, it does not follow from the fact that you are sitting that the opinion "it is *necessary* that you are sitting" is true… ; what does follow is the truth of the opinion "*if you are sitting*, it is necessary that you are sitting" (or "necessarily : if you are sitting, you are sitting") ».

sophie avait vraiment voulu que la distinction entre les deux nécessités soit destinée à débusquer le sophisme dont *Boèce* s'était rendu coupable, pourquoi n'en aurait-elle rien dit ? À l'inverse, elle ne fait rien pour contrarier l'impression que *Boèce* lui a opposé deux arguments puissants – (4) et (5) – qu'elle n'a pas pu résoudre sans avoir recours à l'attirail de la métaphysique néoplatonicienne. Deuxièmement, une lecture soigneuse du passage ne s'accorde pas avec cette interprétation. Le sophisme modal sur lequel repose « l'argument naïf » contre la contingence a pour origine une erreur dans l'analyse de la structure propositionnelle d'un énoncé. En ne se rendant pas compte que l'opérateur de nécessité (L) jouit d'une portée large – que l'opérateur porte sur les deux parties de la proposition hypothétique « Si Dieu prévoit toutes choses et s'il ne peut en aucune façon se tromper, il se produit ce qu'il a prévu par sa providence », et qu'il veut dire seulement que le lien entre l'antécédent et le conséquent soit nécessaire, le raisonneur naïf conclut illégitimement que le conséquent est nécessaire. Pour le bon logicien, par contraste, les conséquents des propositions hypothétiques comme « nécessairement, si je sais que l'homme marche, il marche » ou « nécessairement, au moment où il marche, l'homme marche » ne sont pas du tout nécessaires. Par contre, selon la *Philosophie*, il *est* nécessaire dans les deux cas – mais selon une nécessité conditionnée – que l'homme marche. Il s'agit, comme j'ai expliqué, de la nécessité aristotélicienne du présent. La *Philosophie* veut dire que, de même que les événements contingents présents sont libres en eux-mêmes, mais nécessaires par rapport à la condition qu'ils se produisent dans l'instant présent, de même les futurs contingents, libres en eux-mêmes, sont nécessaires par rapport à la connaissance divine[1]. Si la *Philosophie* avait réussi à mettre au jour le sophisme modal, elle aurait détruit l'argument qu'elle voulait proposer.

Le danger de réussite était, toutefois, minime. Aussi surhumaine que soit l'intelligence de la *Philosophie* boécienne, sa compréhension de la logique se réduit évidemment aux limites de son créateur

---

1. V, 6,26 : « Respondebo namque idem futurum cum ad diuinam notionem refertur necessarium, cum uero in sua natura perpenditur liberum prorsus atque absolutum uideri ».

humain, l'auteur Boèce. On doit à Chris Martin une analyse perspicace de la logique boécienne, qui démontre que, même quand
il présente les règles pour les syllogismes hypothétiques, Boèce
n'analyse pas les inférences selon un mode propositionnel[1].
Autrement dit, sa conception de la logique reste entièrement celle de
la syllogistique aristotélicienne – une logique des termes. Boèce
ignore même un opérateur propositionnel assez simple, comme
l'opérateur de négation. Il comprend bien la négation d'un prédicat
(et ainsi d'une proposition) : par exemple, « il fait jour » ; négation :
« il ne fait pas jour ». Il ne peut pas, cependant, envisager la négation
d'une proposition hypothétique entière (qui serait une opération
vraiment propositionnelle) : par exemple, pour nier « s'il fait jour, il
y a de la lumière », il dit, « s'il fait jour, il n'y pas de lumière » plutôt
que « ce n'est pas le cas que, s'il fait jour, il y a de la lumière ». Ce
n'est pas qu'il confonde la portée large avec la portée étroite, mais
plutôt qu'il ne conçoit nullement la négation comme une opération
propositionnelle. Les philosophes qui veulent comprendre les
proses 3-6 du livre 5 de la *Consolation* comme une réponse à l'argument de la nécessité accidentelle transforment la *Philosophie* en
comédienne dans un drame que ni elle, ni son créateur Boèce,
n'aurait pu comprendre.

Est-ce que les protagonistes de la version « moyenne » de la
« réponse boécienne », c'est-à-dire, ni la plus stricte, ni la moins
stricte – parmi lesquels on compte Nelson Pike lui-même, et Richard
Sorabji[2] – peuvent échapper à cette critique ? Certes, ils n'attribuent à
Boèce qu'une compréhension intuitive de la logique de l'argument
de la nécessité accidentelle. Toutefois, comme c'est le cas avec
l'interprétation stricte, leur interprétation semble présupposer à tort
que Boèce ait reconnu qu'il ne répondait pas à l'argument naïf. On
doit quand même admettre que Boèce avait vraiment une certaine
perception de l'aspect temporel du problème, tandis qu'il n'arrivait
pas à le distinguer du pseudo-problème posé par l'argument naïf.

---

1. Voir Martin (1991).
2. Pike (1970), p. 72-76 ; Sorabji (1983), p. 255.

§ 7. L'ÉTERNITÉ DIVINE ATEMPORELLE ?

La plupart des commentateurs qui n'attribuent pas à Boèce la
« solution boécienne », dans les deux sens que je viens de considérer,
prétend qu'il a proposé la version la plus large de la « solution
boécienne », qui équivaut à ce que j'appelle ci-dessus l'interprétation réaliste atemporelle du discours de la *Philosophie*. On suppose
que le problème de la prescience est résolu parce que Dieu est
atemporel, et on regarde la connaissance divine de toute chose
comme présente comme la conséquence de cette atemporalité
divine[1]. J'ai donné ci-dessus les motifs pour rejeter cette interprétation. Je veux maintenant poser une question audacieuse : est-ce que
Boèce croyait que l'éternité divine était atemporelle ? Une réponse
négative éliminerait entièrement la version atemporelle de l'interprétation réaliste (la seule version de cette interprétation défendue
par les exégètes) ; ce qui plus est, elle abolirait – ou, au moins, elle
métamorphoserait – un point de repère bien connu du paysage
philosophique. C'est pourquoi la question est audacieuse. Tout le
monde ne répète-t-il pas que Boèce a avancé l'idée d'une éternité
atemporelle et qu'il en a fourni la définition classique[2] ?

Bien sûr, il n'y a aucun doute que, selon Boèce, l'éternité divine
n'est pas identique à ce que la *Philosophie* appelle la « perpétuité »,
et qu'il nomme la « sempiternité » (*sempiternitas*) dans son opuscule théologique *De trinitate* : l'existence sans début et sans fin[3]. On
peut cependant accepter cette distinction sans pour autant admettre

---

1. Voir cependant *supra*, p. 34, n. 2.
2. Il serait fastidieux de donner une liste des historiens qui ont répété ce lieu
commun. Je me borne à citer deux livres anglais récents destinés à un grand public, mais
écrits par de grands spécialistes de la pensée médiévale : – Davies (1993), p. 141-142 :
« What does it mean to call God eternal? According to the first, "God is eternal" means
that God is non-temporal or timeless ... An especially influential exponent of [this view]
is Boethius ... whose definition of eternity as timelessness was a starting point for much
medieval thinking on eternity. » ; Spade (1994), p. 72 : « Boethius ... moves God outside
time. He was not the first to adopt this strategy, but in the Latin tradition he was the first
prominent author to do so in the context of this problem [of prescience] ».
3. V. 6,6 : « Quod igitur temporis patitur condicionem, licet illud, sicuti de mundo
censuit Aristoteles, nec coeperit umquam esse nec desinat uitaque eius cum temporis
infinitate tendatur, nondum tamen tale est ut aeternum esse iure credatur » et cf. V. 6,9-
10. Pour le passage de l'opuscule *De Trinitate*, voir *infra*, p. 49, n. 2.

que Dieu soit atemporel. Essayons de faire une comparaison précise, d'un côté, l'idée d'atemporalité dans la philosophie contemporaine, et, de l'autre, ce que dit Boèce, dans la *Consolation* et le *De trinitate* au sujet de l'éternité divine. Aucun philosophe moderne n'expose la notion d'atemporalité (*timelessness*) aussi précisément que Nelson Pike. Selon lui (1970, p. 6-8), de même qu'on peut représenter les rapports de quelque chose dans l'espace par la possession ou non possession de l'extension et de la position, de même on peut caractériser quelque chose par sa position et son extension temporelles. Est atemporelle une entité à laquelle fait défaut à la fois l'extension temporelle et la position temporelle. Les propositions qui parlent d'une telle entité atemporelle en utilisant les temps (le passé, le futur, et aussi le présent) sont donc fausses[1]. Si, par exemple, on juge, comme beaucoup de philosophes, que les nombres sont atemporels, on rejettera comme fausses les propositions « 3 sera / était plus grand que 2 » et même la proposition « 3 est plus grand que 2 », à moins d'attribuer au verbe « être » une signification qui soit non pas présente, mais atemporelle.

Dans le *De Trinitate*, Boèce explique :

> Ce que l'on dit de Dieu : « Il est toujours », cela signifie évidemment une seule chose, c'est qu'il a été dans le passé tout entier, qu'il est dans le présent tout entier, de quelque manière que ce soit, et qu'il sera dans le futur tout entier … Il est toujours, parce que toujours appartient pour lui au temps présent, et qu'il y a une immense différence entre le présent de nos affaires, qui existe maintenant, et celui de Dieu : notre maintenant, comme s'il courait, fait notre temps et la sempiternité, alors que le maintenant divin, immuable, sans changement et stable, fait l'éternité[2].

1. Même définition chez Richard Sorabji (1983), p. 99 : « A third view, the one I shall advocate myself, is that Parmenides is groping towards the idea that his subject exists, but not at any time, neither at any point, nor over any period of time. I shall express this by saying that the subject is *timeless* ».

2. *De Trinitate* (Boèce, 2000, p. 175 : 235-176 : 245) : « Quod uero de deo dicitur « semper est », unum quidem significat, quasi omni praeterito fuerit, omni quoquo modo sit praesenti est, omni futuro erit… Semper enim est, quoniam semper praesentis est in eo temporis tantumque inter nostrarum rerum praesens, quod est nunc, interest ac diuinarum, quod nostrum nunc quasi currens tempus facit et sempiternitatem, diuinum uero nunc permanens neque mouens sese atque consistens aeternitatem facit… ». Traduction Boèce (1991).

La première phrase montre que Boèce ne désire pas sacrifier entièrement l'idée que Dieu existe toujours – qu'il existe en tout instant du temps – bien qu'il décide d'ajouter un *quasi* pour indiquer qu'il ne s'agit pas simplement de perpétuité. Dans la seconde phrase, Boèce développe un des aspects essentiels de sa façon de concevoir l'éternité divine : elle est immobile, comme la dilatation jusqu'à l'infini de l'instant fugace de notre présent. Remarquons qu'il y a une très grande différence entre cette conception et celle des philosophes contemporains. Selon ces derniers, on définit l'éternité divine d'une façon négative, par l'absence de position ou d'extension temporelle ; de manière différente, Boèce représente le temps comme dérivant de l'éternité et compréhensible seulement comme son image. La perspective de la *Consolation* est encore plus éloignée de celle de la logique d'aujourd'hui. La *Philosophie* ne se demande pas, comme le fait Boèce dans son opuscule, quels sont les moyens linguistiques convenables pour parler de Dieu ; elle veut, dans la mesure où cela est possible, expliquer la nature divine afin de résoudre le mystère de sa connaissance du futur.

Selon la Philosophie :

> L'éternité est donc la possession parfaite, entière et simultanée d'une vie illimitée, ce qui apparaît plus clair par comparaison avec les choses temporelles. Car ce qui vit au présent dans le temps vient du passé et va vers le futur et il n'y a rien d'établi dans le temps qui puisse embrasser toute l'étendue de sa vie en même temps, mais il n'appréhende pas encore demain, qu'il a déjà perdu hier ; et dans votre vie au jour le jour vous ne vivez que dans ce moment changeant et transitoire[1].

L'éternité est, explique-t-elle, le mode de vivre divin, un mode dans lequel sa vie est absolument une, entière, simultanée et indivisible. Vivre selon la condition du temps, c'est ne pas pouvoir jouir de cette plénitude de la vie, et en conséquence être limité à n'exister

---

1. V. 6,4 -5 : « Aeternitas igitur est interminabilis uitae tota simul et perfecta possessio. Quod ex collatione temporalium clarius liquet. Nam quicquid uiuit in tempore id praesens a praeteritis in futura procedit nihilque est in tempore constitutum quod totum uitae suae spatium pariter possit amplecti, sed crastinum quidem nondum apprehendit hesternum uero iam perdidit ; in hodierna quoque uita non amplius uiuitis quam in illo mobili transitorioque momento ».

que pendant chaque instant fugace. Quelques lignes plus loin elle ajoute :

> Ce qui appréhende et possède en une seule fois la plénitude totale d'une vie illimitée, à quoi rien de futur ne manque, et rien de passé n'a échappé, c'est cela qui est considéré à juste titre comme éternel et il est nécessaire qu'il soit toujours présent à soi-même en étant en possession de soi-même, et qu'il ait présent l'infinité du temps qui passe[1].

On observe ici, comme dans le *De trinitate*, une indication assez forte que Dieu existe d'une certaine façon en tous les temps, bien qu'il ne soit pas simplement perpétuel. Loin de nier le passé et le futur par rapport à son existence, la *Philosophie* dit qu'elle les contient tous les deux. L'idée qu'il « a présent l'infinité du temps qui passe » pourrait être lu de façon qu'il renforçait l'interprétation réaliste – que l'éternité de Dieu est simultanée avec chaque instant du temps ; mais l'interprétation épistémique est la plus vraisemblable – que tout le temps est présent à la connaissance divine. Le passage très beau qui suit rend même plus clair qu'auparavant le point de vue (qui doit beaucoup au *Timée* de Platon : 37D) selon lequel le temps est l'imitation déficiente de l'éternité :

> En effet, c'est cette nature présente d'une vie immobile qu'imite l'écoulement illimité du temporel, et comme ce dernier ne peut ni la reproduire ni l'égaler, il se dégrade en passant de l'immobilité au mouvement et rétrécit en passant de l'indivisibilité de ce présent à une quantité infinie de futur et de passé ; et comme il ne peut pas être en possession de toute la plénitude de sa vie simultanément, du fait même qu'il ne cesse jamais d'être d'une manière ou d'une autre, il donne l'impression de rivaliser jusqu'à un certain point avec ce qu'il ne peut ni réaliser ni imiter, en s'attachant à l'espèce du présent de ce moment bref et fugitif, qui, puisqu'il offre une certaine ressemblance avec ce présent permanent, confère à tout ce qu'il touche, l'impression d'être. Mais puisqu'il n'a pas pu demeurer dans la permanence, il s'est engagé

---

1. V, 6.8 : « Quod igitur interminabilis uitae plenitudinem totam pariter comprehendit ac possidet, cui neque futuri quicquam absit nec praeteriti fluxerit, id aeternum esse iure perhibetur idque necesse est et sui compos praesens sibi semper assistere et infinitatem mobilis temporis habere praesentem ».

dans la voie infinie du temps et il se fit ainsi qu'il perdure dans une vie dont il n'a pas pu embrasser la plénitude par sa permanence[1].

Devant ce témoignage, on se demande pourquoi Boèce est devenu *le* protagoniste de la vue chrétienne dite «classique» de l'éternité divine atemporelle. On sera d'ailleurs particulièrement frappé par la prise de position de deux philosophes très distingués, le feu Norman Kretzmann et Eleonore Stump. Dans une étude célèbre du concept d'éternité, ils ont clairement exposé, à partir d'une analyse du texte de la prose V. 6, la différence entre l'atemporalité des nombres ou des vérités et l'éternité divine qu'ils caractérisent avec raison comme étant, selon Boèce, une vie illimitée[2]. Pourtant, au lieu d'arriver à la conclusion qui s'impose, que Boèce ne concevait pas Dieu comme atemporel, ils proposent un compromis assez étrange. L'éternité divine est atemporelle, insistent-ils, mais il est insuffisant de la caractériser seulement par son atemporalité[3]. Ils soutiennent que, selon Boèce, l'éternité divine, bien qu'atemporelle, a de la durée – durée infinie sans commencement et sans fin[4]. On a justement critiqué cette prise de position : le concept d'une durée atemporelle n'est-il pas une contradiction? Le motif avancé par Kretzmann et Stump pour soutenir l'atemporalité de Dieu, c'est qu'aucune entité temporelle ne pourrait posséder sa vie entière simultanément (*uitae tota simul et perfecta possessio*). Il est vrai, bien sûr, que toute chose qui subit des changements (ou même, qui

---

1. V. 6,12-13 : «Hunc enim uitae immobilis praesentarium statum infinitus ille temporalium rerum motusimitatur, cumque eum effingere atque aequare non possit, ex immobilitate deficit in motum, ex simplicitate praesentiae decrescit in infinitam futuri ac praeteriti quantitatem, et cum totam pariter uitae suae plenitudinem nequeat possidere, hoc ipso quod aliquo modo numquam esse desinit illud quod implere atque exprimere non potest aliquatenus uidetur aemulari alligans se ad qualemcumque praesentiam huius exigui uolucrisque momenti, quae quoniam manentis illius praesentiae quandam gestat imaginem, quibuscumque contigerit id praestat ut esse uideantur. Quoniam uero manere non potuit, infinitum temporis iter arripuit eoque modo factum est ut continuaret eundo uitam cuius plenitudinem complecti non ualuit permanendo».

2. Stump et Kretzmann (1981) in Morris (1987), p. 220-224.

3. Stump et Kretzmann (1981) in Morris (1987), p. 220 : «... atemporality alone does not exhaust eternality as they conceived of it...».

4. Stump et Kretzmann (1981) dans Morris (1987), p. 220 : «... we understand this part of Boethius's definition to mean that the life of an eternal entity is characterized by beginningless, endless, infinite duration».

peut en subir) entre un instant et un autre, qui peut être mesuré de n'importe quelle façon selon le temps, n'est pas capable de posséder sa vie entière simultanément. On peut, cependant, concevoir un étant qui ne change pas dans le temps et que le temps ne mesure pas, et qui n'est pas pour autant atemporel. Dans leur article, Kretzmann et Stump construisent un modèle très élaboré des rapports entre le temps et l'éternité atemporelle. On peut admettre l'utilité d'un tel système, du point de vue du philosophe moderne de la religion, qui veut résoudre les grands problèmes de la théologie naturelle. Ce système facilite, par exemple, la résolution du problème de la prescience à l'aide de ce que j'ai désigné comme étant l'interprétation réaliste atemporelle de l'argument de la *Philosophie*. Toutefois, il est sans valeur pour comprendre ce que Boèce lui-même a vraiment voulu dire[1].

§ 8. ÉPILOGUE

L'argument analysé ci-dessus n'est pas le mot final de la *Philosophie*. Elle achève sa consolation de Boèce en rejetant la supposition sur laquelle *Boèce* et elle-même avaient fondé leur analyse du problème de la prescience jusqu'ici : que la connaissance de Dieu n'est pas la *cause* des futurs contingents. *Boèce* avait sans doute déjà indiqué qu'il était peu satisfait de cette façon de représenter les relations entre Dieu et les événements, qui lui semblait indigne de Dieu[2]. Maintenant la *Philosophie* est d'accord avec son interlocuteur pour dire que les événements futurs ne sont pas les

---

1. Je reviendrai à la théorie de Stump et Kretzmann en discutant de l'idée d'éternité chez Thomas d'Aquin : voir chapitre v, § 4b. Dans Marenbon (2003d), p. 544, j'ai indiqué une des raison pour lesquelles tant d'historiens de la philosophie ont attribué à Boèce une conception atemporelle de l'éternité divine. Ils ont remarqué à juste titre que des locutions telles que « Dieu sera sage demain » induisent les lecteurs en erreur, impliquant qu'il n'est pas sage aujourd'hui. Ces locutions ne sont cependant pas fausses : elles sont ce que les philosophes anglophones du langage appellent « inassertible ».

2. V. 3,15-16 : « Iam uero quam praeposterum est ut aeternae praescientiae temporalium rerum euentus causa esse dicatur ! Quid est autem aliud arbitrari ideo deum futura quoniam sunt euentura prouidere quam putare quae olim acciderunt causam summae illius esse prouidentiae ? ».

causes de la connaissance divine, parce que cette connaissance
« dérive de la simplicité de Dieu lui-même »[1]. On peut gloser cette
déclaration delphienne à l'aide de la théorie développée aux *prosae*
4-5[2]. L'objet propre par lequel l'intelligence (c'est-à-dire Dieu)
connaît tout, c'est la forme unique; et cette Forme n'est autre que
Dieu lui-même. Dieu est donc la cause de toutes les choses, qu'il
connaît en se connaissant lui-même. Cette explication a pour triste
conséquence que la contingence et le libre arbitre des humains, que
la *Philosophie* a sauvegardés des menaces de la prescience divine,
doivent faire face à un autre ennemi : la prédestination ou prédéter-
mination divine. En fait, invoquer l'idée que Dieu comprend toute
chose comme présente n'aide en rien, parce qu'on parle maintenant
de causalité, et si, à l'instant présent, Dieu cause E, il ne semble pas
que E puisse être l'effet du libre arbitre humain[3].

Comment interpréter ce bouleversement inattendu de ce que la
Philosophie avait établi par ses arguments serrés ? J'ai proposé
ailleurs une lecture possible, selon laquelle l'auteur Boèce a moins
de confiance que le personnage *Boèce* dans le pouvoir de la *Philosophie* à résoudre tous les problèmes posés par la nature divine et ses
rapports à sa création. Il y a des limites au-delà desquels la *Philosophie* – qui est, ne l'oublions pas, la *Philosophie païenne* – n'est
pas capable de conduire son élève[4]. Significative sans doute pour la
compréhension de la *Consolation* et de la pensée de Boèce, cette
interprétation, que beaucoup de chercheurs n'acceptent pas, n'a
toutefois rien – ou presque rien – à voir avec l'histoire des spécula-
tions sur le problème de la prescience que l'on reconstruit ici.

---

1. V,6,4 : « Quam comprehendendi omnia uisendique praesentiam non ex
futurarum prouentu rerum sed ex propria deus simplicitate sortitus est ».
2. Cf. *supra*, § 3.
3. *E* pourrait être contingent, à condition que Dieu cause d'une façon contingente ;
Boèce n'avait pas cependant élaboré une théorie de la causalité contingente.
4. Marenbon (2003a), p. 146-63 ; voir aussi Marenbon (2003b) et Marenbon
(2004b).

CHAPITRE III

PIERRE ABÉLARD

Grâce aux efforts des historiens, des spécialistes de la logique, de la sémantique et de la philosophie médiévale depuis les années 1960 et tout particulièrement pendant la dernière décennie, on commence à reconnaître aujourd'hui la grande importance d'Abélard, non seulement comme personnage insigne, amant d'Héloïse et adversaire de Bernard de Clairvaux, mais aussi comme logicien et philosophe[1]. En revanche, on a presque totalement négligé la discussion d'Abélard sur le problème de la prescience[2]. Abélard a analysé ce problème à quatre reprises. Les deux premières analyses se situent dans le cadre de son enseignement comme maître de logique. Abélard avait manifesté une aptitude précoce en ce domaine et, devenu élève de Guillaume de Champeaux, le logicien le plus éminent de l'époque, il se brouilla rapidement avec lui, et s'établit (c. 1101/2, à l'âge de 22 ou 23 ans) comme son rival[3]. Il lui fallut cependant attendre environ dix ans avant de devenir, comme Guillaume avant lui, le maître de l'école de Notre Dame de Paris. La plupart des spécialistes aujourd'hui acceptent que sa *Dialectica*, une

1. Parmi les œuvres collectives ou synoptiques sur la philosophie d'Abélard, citons par exemple : Jolivet (1969), [Abélard] (1975), Thomas (1980), Marenbon (1997), Brower et Guilfoy (2004).

2. J'en ai donné une analyse assez brève dans Marenbon (1997), p. 226-232.

3. Pour la biographie d'Abélard, voir Clanchy (1997) et Mews (1995). Pour la datation et l'authenticité des œuvres attribuées à Abélard, voir les études fondamentales de Constant Mews : Mews (2001).

monographie sur la logique, a été écrite pendant la période de cette magistrature, période qui s'achève avec sa castration en 1117, et sa décision de devenir moine de Saint-Denis[1]. C'est dans la *Dialectica* qu'Abélard considère le problème de la prescience pour la première fois, et dans le commentaire sur le *Peri hermeneias* de sa *Logica* (*« Ingredientibus »*), écrit peu après son arrivée à Saint-Denis (1119-20), qu'il revient sur le problème[2]. Son troisième développement sur celui-ci date des dernières années de sa carrière. Abélard ne resta que quelques années à Saint-Denis ; ensuite, il devint successivement moine-ermite du Paraclet, un oratoire qu'il fonda lui-même, abbé de St Gildas, un monastère en Bretagne et, à nouveau, maître à Paris, où il enseigna la théologie et la logique, et acheva, entre autres écrits, sa *Theologia scholarium* (c. 1134), la recension finale d'un ouvrage dont la forme primitive (*Theologia Summi Boni*) date de son séjour à Saint Denis. Dans la *Theologia scholarium* – mais pas dans les deux recensions antérieures – Abélard considère pour la troisième fois le problème de la prescience. En même temps qu'il composait la *Theologia scholarium*, Abélard enseignait la théologie aux étudiants : ses cours de théologie ont été préservés dans trois collections de *Sentences*, jadis attribuées aux élèves d'Abélard, mais que l'on accepte maintenant comme des témoins de l'enseignement oral du maître[3]. C'est ici qu'on trouve une quatrième analyse du problème de la prescience.

La manière dont Abélard s'attaque au problème se présente presque comme l'antithèse de la manière boécienne, décrite précédemment. Quand on regarde la présentation de la *Consolation*, on

1. Voir Mews (1985), Marenbon (1997), p. 41-3, Mews (2001)), Addenda et Corrigenda, p. 2 (à VII, p. 96) qui affirme maintenant qu'Abélard « may have commenced the *Dialectica* c. 1112/13, but not finished it until c. 1117 ».

2. On a récemment avancé l'hypothèse que le texte reçu du commentaire au *Peri hermeneias* dans la *Logica* est constitué de plusieurs niveaux chronologiques, dont seuls le plus ancien est de c. 1119-1120 (Jacobi, Strub et King, 1996). J'ai contesté récemment cette hypothèse (Marenbon, 2004c).

3. Les *Sent--entiae Abaelardi* (« Sent--entiae Hermanni » selon les vieilles éditions) étaient probablement une *reportatio* des conférences d'Abélard, corrigée par Abélard lui-même ; les *Sent--entiae Parisienses* semblent être une transcription (ni corrigé ni mis en ordre) des paroles mêmes d'Abélard ; les *Sent--entiae Florianenses* rapportent elles aussi son enseignement, en général de façon plus sommaire. Voir Mews (1986).

voit d'abord que Boèce insère des éléments de logique aristotéli-cienne dans un ensemble platonicien. On se rend rapidement compte cependant des insuffisances de cette analyse logique ; c'est dans sa compréhension des aspects métaphysiques et théologiques du problème que Boèce est le plus fort. À l'inverse, Abélard conçoit le problème en tant que logicien – logicien infiniment plus perspicace que Boèce ; mais il ne dépasse jamais, en discutant du problème, même dans sa *Theologia*, le niveau de la logique. En effet, comme on le verra, ses différentes solutions du problème sont caractérisées par une étonnante lacune, qu'on pourrait qualifier de myopie et qui contraste nettement avec la perspicacité de ses analyses logiques. Je commencerai donc en esquissant deux éléments de la logique abélardienne, dont l'un – l'analyse propositionnelle (§ 1) – est fondamentale pour la compréhension de la méthode logique abélardienne, tandis que l'autre – ses idées sur les modalités (§ 2) – est lié très étroitement à sa réponse au problème de la prescience. Après l'analyse précise de la présentation du problème dans la *Dialectica* (§ 3), la *Logica* (§ 4), la *Theologia Scholarium* (§ 5) et les *Sentences* (§ 6), je pourrai indiquer (§ 7) les caractéristiques essen-tielles, les grandes lignes et les limites de la solution abélardienne.

§ 1. LA LOGIQUE ABÉLARDIENNE : L'ANALYSE PROPOSITIONNELLE

On parle depuis plus d'un demi-siècle de la *Sprachlogik* du maître du Pallet – et avec raison. Quand il discutait d'un problème, Abélard le formulait d'ordinaire en une série d'énoncés, qu'il analysait scrupuleusement afin de mettre en lumière leur structures précises. Ceci est bien connu. On peut cependant arriver à une repré-sentation plus fine des méthodes d'analyse d'Abélard en rappro-chant cette description presque traditionnelle et certaines observa-tions très importantes faites par Christopher Martin, pour arriver à l'idée d'une « analyse propositionnelle »[1].

1. C'est dans Martin (1986, 1987a, 1987b) que Christopher Martin a développé cette interprétation d'Abélard : voir Martin (2004) pour sa discussion la plus complète de la logique abélardienne.

Selon Martin, comme nous l'avons vu ci-dessus[1], il manquait à Boèce une conception de la propositionalité, ou plus précisément, il n'avait pas l'idée de ce qu'était une opération propositionnelle – par exemple, la négation d'une proposition hypothétique entière. En revanche, Abélard distingue très clairement entre ce qu'il appelle la « négation destructive » – la négation comme opération proposition-nelle – et ce qu'il appelle la « négation séparative ». La négation destructive des propositions « s'il est un homme, il est un animal » et « s'il est un animal, il n'est pas un homme » sont « non : s'il est un homme, il est un animal » et « non : s'il est un animal, il n'est pas un homme », et Abélard d'ajouter « comme si on devait entendre : celle-ci ne suit pas de celle-là »[2]. Martin a expliqué la raison pour laquelle cette compréhension de la propositionalité est à la base de toute la théorie des conséquences (*consequentiae*) exposée dans les sections sur l'argument topique de la *Dialectica*, et ce fut très probablement le besoin de trouver des objets adéquats comme sujets des opérations propositionnelles (telles que la négation ou la consé-cution) qui obligea Abélard à introduire les *dicta* dans son ontologie. Les *dicta* sont ce que les propositions disent, « non-choses » assez étranges qui, selon plusieurs spécialistes modernes, équivalent à ce que les philosophes modernes anglo-saxons appellent (en anglais) « propositions »[3].

La perspicacité d'Abélard en ce qui concerne la propositionalité n'est cependant qu'une manifestation d'une attitude plus générale

---

1. Cf. *supra*, chap. II, § 6.
2. Abélard (1970), p. 477 : 1-15 : « "non si est homo, est animal", "non si est animal, non est homo", "non si est nox, non est dies", "non si non est nox, est dies" ac si intel-ligatur : non procedit ex ista illa. Et nos quidem istas proprias ac simplices hypothe-ticarum negationes concedimus quae negatione praeposita totam perimunt consecutio-nem. Illas tamen negatiuas recipimus quae negatione interposita unius propositionis ad alteram separationem faciunt; et illas quidem destructiuas, has autem separatiuas appellamus, quod etiam in categoricis enuntiationibus in Libro earum considerauimus. Cum itaque <proponimus> : "si est homo, non est lapis" et ad positionem "hominis" "lapidis" praedicationem excludimus, separationem affirmatiuae ad affirmationem facimus ». Cf. Martin (2004), p. 167.
3. Voir De Rijk (1975), De Libera (1981), Jacobi, Strub et King (1996), Marenbon (1997), p. 202-209, Rosier-Catach (2004a), Guilfoy (2004), Marenbon (2004c). Plusieurs historiens (Marenbon, Guilfoy) pensent que les *dicta* abélardiens sont, au moins en certains passages, plus près des états de choses que des *propositions*.

envers le langage et son rapport aux choses. Face à une proposition, Abélard se demande immédiatement : « Est-ce qu'il y a des façons différentes de comprendre les relations entre les mots et les phrases ? ». Considérons un petit extrait du passage de la *Dialectica* que j'étudierai dans le paragraphe 3[1]. Pour discuter du problème de la prescience, Abélard examine la construction de la proposition hypothétique suivante :

1. S'il est possible qu'une chose advienne autrement que Dieu n'a prévu, il est possible que Dieu se trompe (*si possibile est rem aliter euenire quam Deus prouidit, possibile est Deum falli*).

Il y a, dit Abélard, deux façons d'analyser cette proposition, qu'il comprend comme composée d'un sujet (<u>qu'une chose advienne autrement</u>), un prédicat (<u>(il) est possible</u>) et une détermination (<u>autrement que Dieu ne l'a prévu</u>). Selon la première interprétation : « autrement que Dieu ne l'a prévu » détermine le prédicat (c'est-à-dire : « possible »), ce qui donne : <u>il est possible qu'une chose advienne – autrement que Dieu n'a prévu</u> (*rem euenire est possibile aliter quam Deus prouidit*), car elle a la capacité de se produire autrement.

Selon la deuxième interprétation, la détermination (« autrement que Dieu n'a prévu ») s'attache au sujet et la proposition veut dire : « <u>Qu'une chose advienne autrement que Dieu n'a prévu, cela – pris comme un tout – est possible</u> » (*rem euenire aliter quam Deus prouidit (istud totum) est possibile*)[2]. Il semble donc qu'Abélard envisage deux façons de lire (1), comme

2. {Sujet : <u>qu'une chose advienne</u>} {[Prédicat : <u>il est possible</u>] + [Détermination (du prédicat) : <u>autrement que Dieu n'a prévu</u>]}

ou

3. {[Sujet : qu'une chose advienne] + [Détermination du sujet : autrement que Dieu n'a prévu]} {Prédicat : il est possible}

---

1. Voir ci-dessous pour les références et des citations plus complètes.
2. Abélard (1970), p. 218 : 32-4 : « Si uero ad subiectum determinatio ponatur, quod est « euenire », atque ita dicatur : « rem euenire aliter quam Deus prouidit (istud totum) est possibile »... » Quand Abélard dit que le sujet de la proposition est *euenire* (« arrive »), un verbe infinitif qui ne peut pas lui-même être un sujet, il veut évidemment dire que la phrase entière *rem euenire* (« qu'une chose arrive ») est le sujet.

Notons que la structure globale des deux propositions, (2) et (3), ne s'éloigne nullement de celle d'une proposition normale comme «Socrate court» ou «L'homme est un animal», dans laquelle quelque chose est dit ou prédiqué d'un sujet, à la seule différence qu'il y a cette détermination qui fonctionne comme adverbe si elle s'attache au prédicat, et comme adjectif si elle s'attache au sujet. La relation sur laquelle se fonde la signification de (2) et de (3) n'est autre que la relation de prédication. En conséquence, il ne s'agit pas d'une analyse *propositionnelle* à proprement parler, puisque cette analyse porte sur les relations entre les mots et expressions qui constituent la proposition, et non pas sur les relations entre propositions entières. Toutefois, on trouve ici une façon d'aborder les problèmes de la logique qui est la même que celle qui permet à Abélard de distinguer la portée des opérateurs de négation et de consécution et de développer en conséquence une théorie de l'argumentation propositionnelle.

§ 2. LA LOGIQUE ABÉLARDIENNE : LA MODALITÉ

Abélard fut un des plus grands logiciens de l'histoire, et il était donc normal qu'il s'intéresse aux problèmes posés par les propositions modales, Aristote ayant à ce sujet légué à ses successeurs autant de difficultés que de solutions. La doctrine d'Abélard, elle aussi, pose des difficultés de compréhension et, comme nous allons voir, les historiens de la philosophie ne sont pas complètement d'accord sur son interprétation[1].

Selon Abélard, une proposition est modale lorsque l'inhérence du prédicat dans le sujet est qualifiée par une expression modale telle que «nécessairement» ou «possiblement»[2]. Si l'on représente

---

1. Les meilleures introductions récentes à sa théorie modale sont les études de Christopher Martin (2001) et celle (plus technique) de Paul Thom (2003), p. 43-64.

2. Certes, Abélard (*Dialectica* : Abélard, 1970, p. 194 : 20-31 ; *Logica* : Abélard, 1958, § 4-6 (§ 12 exk. 4-6)) nie que «possiblement» soit véritablement un mode, parce qu'il n'y a pas une inhérence simple que ce terme modifie : si je dis, «Socrate» (qui est noir) «est possiblement blanc», je ne veux pas dire qu'il est blanc d'une façon particulière – celle d'être possiblement blanc : *nul* accident de blancheur ne s'attache à lui. Abélard accepte, néanmoins, l'idée qu'Aristote décrive «possibiliter» (et aussi «falso»

la structure d'une proposition simple comme « S[ujet] – copule – P[rédicat] », la structure d'une proposition modale sera, « S[ujet] – copule+qualification modale – P[rédicat] » : par exemple, « Socrate est blanc » (proposition simple) ; « Pierre est nécessairement blanc » (proposition modale, qui affirme que la blancheur est inhérente dans Pierre de façon nécessaire) [1]. Cette analyse, simple en apparence, est à la base de toute la doctrine modale d'Abélard. Abélard l'oppose à l'enseignement de son maître (Guillaume de Champeaux) [2]. Guillaume soutenait que les modes s'appliquent au sens (*sensus*) de la proposition simple, et qu'il faut donc interpréter « Pierre est possiblement/nécessairement blanc » comme : ce que dit la proposition « Pierre est blanc » est possible/nécessaire. Abélard énumère toute une série de propositions où l'interprétation *de sensu* (ou, comme il dit quelquefois, *de dicto*) produit des contresens. Bien qu'il préfère en conséquence suivre sa façon de comprendre les propositions modales *de re* (et il refuse même d'admettre que les propositions restent modales selon l'interprétation *de sensu*), il s'attache parfois, et particulièrement dans la *Logica*, à considérer l'interprétation *de sensu* d'une proposition pour l'opposer à l'interprétation *de re*.

---

et « uere ») comme des modes « selon leurs rôles dans la construction [d'une proposition]». (Je cite le commentaire au *Peri hermeneias* de la *Logica* selon l'édition de Klaus Jacobi et Christian Strub qui va paraître (Abélard, à paraître –a), et je remercie le professeur Jacobi pour m'avoir envoyé son texte. Dans les citations, je donne la référence à l'édition courante (Geyer/Minio-Paluello) et ensuite la référence à la section de la nouvelle édition).

1. *Dialectica* – Abélard (1970), p. 191 : 17-26 : « idem quod in simplicibus predicatur uel subicitur, et in istis ; ut in ea que dicit« Socrates est episcopus », « Socrates » subicitur et « episcopus » predicatur ; similiter et in ea que dicit « Socrates est possibiliter <episcopus>» uel « possibile est Socratem esse episcopum ». Idem enim de eodem modales debent enuntiare modaliter, idest cum determinatione, quod ille de puro inesse simpliciter, et de his oportet fieri determinationem de quibus simplicem facimus enuntiationem. Unde simplices ipsis modalibus, quasi compositis, priores sunt : ex ipsis modales descendunt et ipsarum modificant enuntiationem ; in qua quidem modificatione tantum ab ipsis habundant et discrepant ».

2. *Dialectica* – Abélard (1970), p. 195 : 12-15 : « Est autem Magistri nostri sententia eas ita ex simplicibus descendere, quod de sensu earum agant, ut cum dicimus : « possibile est Socratem currere » uel « necesse », id dicimus quod possibile est uel necesse quod dicit ista propositio : "Socrates currit" ».

À l'époque (c. 1119) où il composait la *Logica*, Abélard connaissait le passage du *De sophisticis elenchis* (qu'il semble avoir ignorer quand il écrivait la *Dialectica*), où Aristote distingue entre le sens composé (*sensus compositionis*) et le sens divisé (*sensus diuisionis*) d'une proposition modale[1]. Par exemple,

> 4. Il est possible que l'homme qui se tient debout soit assis.

peut être interprétée soit comme :

> 5. Il est possible que l'homme qui se tient debout soit assis tout en restant debout (c'est-à-dire, qu'il se tient debout et est assis au même moment) (= *sens composé*).

soit comme :

> 6. L'homme qui se tient debout peut être parfois assis (= *sens divisé*).

Comme Abélard l'indique très clairement, il considère que le sens composé correspond à l'interprétation *de sensu*, et le sens divisé à l'interprétation *de re*. Il glose (5) de la façon suivante :

> 7. Il est possible que .les choses arrivent comme le dit cette proposition : « l'homme qui se tient debout est assis » ;

et il explique que dans (6)

> nous référons « possible » à la chose elle-même, non pas à la proposition, et nous disons que la chose qui se tient debout peut parfois être assise[2].

---

1. Abélard (1958) § 18 : « Videntur autem duobus modis exponi posse, ueluti si dicam « Possibile est stantem sedere ». Ut enim docet Aristoteles in Sophisticis Elenchis, alius est sensus per diuisionem alius per compositionem : per compositionem uero est si stare et sedere simul in eodem subiecto coniungat, ac si dicamus « Possibile est stantem sedere manentem stantem », id est, sedere simul et stare, ac si dicamus, « Possibile est ita contingere ut haec propositio dicit « Stans sedet » », quod est omnino falsum quia iam duo opposita simul inesse eidem possent; et tunc quidem <u>possibile</u> quasi ad integrum sensum propositionis applicatur, ac si dicatur « Possibile est euenire ut haec propositio dicit « Stans sedet » ». Si uero ita accipiatur quod is qui stat possit sedere quandoque, non coniungimus tunc opposita, et ad rem ipsam, non ad propositionem, « possibile » referimus dicentes rem quae stat posse quandoque sedere, non posse contingere ut dicit propositio « Stans sedet » ». Voir Aristote, *De sophisticis elenchis*, 4, 166a23-38.

2. Paul Thom démontre qu'Abélard se trompe en fait en identifiant les deux distinctions : *de sensu – de rebus* et *sensus compositionis – sensus diuisionis* : 2003, p. 46.

Il va de soi que (5) et (7) sont fausses, parce qu'aucun sujet ne peut être qualifié simultanément par des attributs opposés, tandis que (6) est vraie : mais l'explication précise de cette interprétation *de re* reste à discuter. On a déjà jeté un coup d'œil à ce problème dans notre dernier chapitre, en distinguant entre :

II.15 L'homme se tient debout en t_1, et il est possible qu'il soit assis en t_1.

et

II.16 Ceci est possible : (l'homme se tient debout en t_1, et il est assis en t_1).

(II.16) ne diffère que verbalement de (5) : elle est tout simplement l'interprétation au sens composé ou *de sensu* de (4). En revanche, (II.15) est *une* version de l'interprétation *de re*, qui n'équivaut pas à (6). On pourrait réécrire (6) comme :

6'. L'homme qui se tient debout en t_1 peut être assis en t_n,

ou, pour mettre en lumière le parallélisme avec II.15 :

6''. L'homme se tient debout à t_1, et il est possible qu'il soit assis à t_n.

où « t_n » veut dire « parfois, à un moment quelconque » (*quandoque*). (II.15) est beaucoup plus forte et précise que (6''), parce qu'elle dit bien qu'il est possible que l'homme soit assis au même moment (t_1) où il se tient debout (il y a, pour ainsi dire, un autre monde possible où il/son homologue est assis à ce moment). J'ai expliqué que, dans l'optique aristotélicienne, où l'on n'admet pas les états de choses alternatifs, (II.15) entraîne (II.16/5), qui est fausse. Pour décider si Abélard suivait, comme Boèce, la conception aristotélicienne, ou s'il était plutôt un devancier de Duns Scot et Leibniz, on doit donc déterminer s'il aurait accepté de développer (6'') – réécrit sous la forme (II.15) – comme :

8. L'homme se tient debout en t_1, et il est possible qu'il soit assis en t_n, où l'on peut substituer à n n'importe quel chiffre, y compris le 1,

ou s'il n'aurait accepté que la proposition suivante :

9. L'homme se tient debout en t_1, et il est possible qu'il soit assis en t_n, où n n'a pas la valeur de 1.

Simo Knuuttila a soutenu qu'Abélard aurait choisi (9) – que sa perspective était aristotélicienne – tandis que Hermann Weidemann et Klaus Jacobi ont critiqué ses arguments et soutenu la thèse qu'Abélard aurait accepté (8)[1].

Je crois que Knuuttila a raison[2], mais il faut souligner – avec les autres historiens de la philosophie qui ont discuté récemment de cette question – qu'Abélard cherchait à combler un vide dans sa doctrine de la modalité en développant une idée qu'il pouvait trouver également dans la logique aristotélicienne : celle de la possibilité comme capacité spécifique des choses[3]. Abélard soutient que chaque membre d'une espèce est capable de n'importe quoi, pourvu que ce ne soit pas opposé à la nature de son espèce, et on doit comprendre ce qui lui est possible selon sa capacité. Dans ce sens, il est possible que Socrate – qui est un paysan – devienne un évêque, puisqu'il est un homme, et rien, dans la nature de l'homme, ne s'oppose à ce qu'il soit évêque ; de même, il est possible que l'amputé soit bipède (quoiqu'il ne retrouve jamais son pied amputé). Est-ce qu'il est donc possible que l'homme qui se tient debout à t_1 soit assis en t_1 ? Bien que l'homme ait toujours la capacité spécifique d'être assis, Abélard se sent obligé de répondre négativement[4].

Dans un article que j'ai écrit il y a quinze ans, j'ai essayé de mettre en relief la préférence d'Abélard pour une interprétation de la modalité qui utilise le concept de capacité spécifique, en caractérisant la possibilité abélardienne comme « possibility *for* », par opposition avec la conception contemporaine de la possibilité, que j'ai appelée « possibility *that* ». J'ai identifié à « possibility *that* » l'interprétation des propositions modales *de sensu*, et à « possibility *for* » l'interprétation *de re* préférée par Abélard, et j'ai dit que « la distinction entre une interprétation *de sensu* et une interprétation *de re* allait au-delà d'une simple différence quant à la position de l'opérateur modal : elle comportait une interprétation différente de

1. Voir Knuuttila (1981), p. 178-187 et (une analyse plus nuancée) Knuuttila (1993), p. 82-96 ; Weidemann (1981) ; Jacobi (1983), p. 104 et n. 62.

2. Voir Marenbon (1991).

3. Voir Knuuttila (1993), p. 19-31, 91-92 ; Martin (2001), p. 110-111 et Thom 2003, p. 48-51.

4. Voir Marenbon (1991), p. 603-605.

l'opérateur modal lui-même, c'est-à-dire, une conception différente de la possibilité »[1]. Cette déclaration est loin d'être lumineuse, mais je pense qu'elle révèle – ou, plutôt, cache à moitié – une vérité assez importante. Quand les logiciens contemporains distinguent entre l'acception composée et l'acception divisée d'une proposition modale, ils font cette distinction en modalisant diversement ce que les propositions disent – c'est-à-dire, les « *propositions* » (mot anglais) ou *dicta* qu'ils expriment. Par exemple, on peut lire (4) soit comme :

> 10. La *proposition* suivante est qualifiée par la valeur modale Possible : l'homme qui se tient debout est assis.

soit comme :

> 11. La *proposition* suivante n'est pas qualifiée par une valeur modale : l'homme se tient debout, et la *proposition* suivante est qualifiée par la valeur modale Possible : l'homme est assis.

(où l'on peut préciser par surcroît qu'il s'agit dans tous ces cas du même instant, t_1). Cette distinction se traduit dans la langue plus élégante des mondes possibles comme :

> 12. Il y a un monde possible où l'homme se tient debout et (au même moment, t_1) est assis

et :

> 13. Dans le monde actuel en t_1 l'homme se tient debout, et il y a un autre monde possible où il est assis en t_1.

Abélard ne connaissait pas le langage des mondes possibles. En revanche, il connaissait bien le langage des *dicta* ou *propositions* – il en était peut-être l'inventeur génial. Or, il refusait absolument – et comme nous verrons[2], explicitement – la modalisation des *dicta*. Selon lui, on ne peut pas expliquer l'interprétation *de re* – qu'il retient comme vraie – selon la façon que (13) explicite en termes contemporains : il faut l'expliquer en se référant à la *res*, non pas aux *dicta*; il faut parler de la « possibility *for* » et non pas de la « possibility *that* ».

---

1. Marenbon (1991), p. 598.
2. Cf. *infra*, p. 82.

§ 3. Le problème de la prescience : la *Dialectica*

Dans la *Dialectica* Abélard présente le problème de la prescience de la façon suivante :

> ... puisqu'en effet Dieu de toute éternité a prévu toutes choses telles qu'elles allaient être, et puisqu'il ne peut se tromper dans la disposition de sa providence, il est nécessaire que toutes choses arrivent comme il l'a prévu : car si elles pouvaient arriver autrement qu'il ne l'a prévu, il serait possible qu'il se trompât[1].

Après avoir fait quelques observations sur la forme logique de cet enchaînement, Abélard nie qu'il soit possible que Dieu se trompe, et avoue qu'on est donc contraint à admettre que « toutes choses [arrivent] nécessairement, si bien qu'il n'y a pas de choses qui peuvent arriver ou ne pas arriver, et que rien n'arrive selon notre projet ou notre travail ». Mais – ajoute-t-il tout de suite – *non est ita* ; et il présente trois solutions au problème – trois solutions très différentes. Je commence par discuter la deuxième solution, où Abélard analyse la forme logique précise du problème, qu'il considère comme un sophisme qu'il lui faut résoudre. La troisième solution, elle aussi étroitement liée à la forme logique, repose sur la doctrine abélardienne des conséquences. À l'inverse, la première solution semble avoir un but de nature différente : elle vise moins à résoudre le problème que de suggérer un arrière-plan métaphysique, une explication positive, qui complète les analyses négatives des deux autres solutions. Pour cette raison, je discuterai de cette première solution après avoir examiné les deux autres.

Regardons d'abord la présentation du problème. Abélard raisonne ainsi[2] :

1. Abélard (1970), p. 217 : 19-22 : « Cum enim ab eterno Deus omnia futura esse, sicut futura erant, prouiderit, Ipse autem in dispositione sue prouidentie falli non possit, necesse est omnia contingere sicut prouidit ; si enim aliter contingere possent quam Ipse prouiderit, possibile esset Ipsum falli ». Je donne (sauf pour un mot) la traduction de Jean Jolivet dans Jolivet (1994), p. 175.

2. Abélard (1970), p. 217 : 29-218 : 1 : « At uero pessimum est omnium inconueniens atque dictu abhominabile quod falli possit Hic cui omnia tam futura quam presentia siue preterita tamquam presentia sunt, a cuius dispositione omnia contingunt ! Non igitur possibile est res aliter euenire quam Deus prouiderit...Itaque omnia ex necessitate fieri ipsa Dei prouidentia compellit ».

14. Pour n'importe quelle chose R, Dieu a prévu de toute éternité que R existera de la façon dont elle allait exister – disons, f.

15. S'il est possible que R ne pourra pas être f, il est possible que Dieu se trompe.

16. Il est absolument impossible que Dieu se trompe.

donc

17. R est f par nécessité.

La première prémisse (14) dérive de l'omniscience divine, la deuxième (15) de la signification de « se tromper » et la troisième (16), comme la première, est la conséquence de l'omniscience de Dieu. Bien qu'Abélard parle assez vaguement des choses et de leurs façons d'être, on pourrait facilement donner un exemple plus clair du même raisonnement : Dieu a prévu que ce soir je boirai du vin blanc ; s'il est possible que je ne boive pas de vin blanc ce soir, il est possible que Dieu se trompe, etc.

J'ai déjà (ci-dessus, § 1) exposé le début de la deuxième solution[1]. Abélard démontre que l'antécédent de la proposition (1) (« S'il est possible qu'une chose advienne autrement que Dieu n'a prévu, il est possible que Dieu se trompe ») est ambiguë. Selon une interprétation, (2), il s'agit de prédiquer un prédicat complexe déterminé (« il est possible autrement que Dieu n'a prévu ») du sujet (« qu'une chose advienne ») ; selon l'autre interprétation (3), c'est le sujet qui est complexe (« qu'une chose advienne autrement que Dieu n'a prévu »), et le prédicat qui est simple (« il est possible »). Après cet exercice de désambiguïsation, Abélard est en état de montrer que (1) n'est vraie ni selon l'interprétation (2) ni selon l'interprétation (3)[2]. Si l'on veut conclure d'une conséquence « si p, q » que le conséquent (q) est vrai, il faut deux choses : que la conséquence soit

---

1. Weidemann (1993) donne une analyse judicieuse, différente de la mienne mais compatible avec elle.

2. Abélard (1970), p. 218 : 26-29 : « Dicimus autem ea<m> [regulam], quodammodo intellectam, ueram esse, cum scilicet antecedens quoque ipsius **falsum** est, alio uero modo, falsam, cum uidelicet ipsum antecedens **uerum** accipitur ». De Rijk, l'éditeur de la *Dialectica* (et également Victor Cousin, dans la première édition de l'œuvre – Abélard, 1836, p. 290) corrige le mot « falsum » en caractères gras en « uerum » et le mot « uerum » en caractères gras en « falsum » – ce qui détruit l'argument abélardien.

vraie (c'est-à-dire que p entraîne véritablement q) et que l'antécédent (p) soit lui-même vrai. Abélard montre que ni l'une ni l'autre
interprétation de (1) ne satisfait ces deux conditions.

Selon la première interprétation (antécédent = 2) –

> 18. Si (qu'une chose advienne est possible autrement que Dieu n'a
> prévu), il est possible que Dieu se trompe –

l'antécédent est vrai (si la chose est contingente), mais il n'entraîne
pas le conséquent. La vérité de (1) se fonde sur la proposition :

> 19. Si les choses futures adviennent autrement que Dieu n'a prévu,
> Dieu se trompe,

– une proposition qui est évidemment vraie en vertu de la définition
de « se tromper » – et de la règle logique :

> 20. Dans toutes les conséquences, si l'antécédent est possible, le
> conséquent est possible (*Cuiuscumque antecedens possibile
> est, et consequens*),

c'est-à-dire : $[(p \rightarrow q) \& Mp] \rightarrow Mq$, l'analogue pour la possibilité
de ce qu'on appelle aujourd'hui le « principe du transfert de la
nécessité » : (I. 9) « Si une proposition p implique nécessairement
une proposition q, la proposition nécessairement p implique nécessairement q »[1]. On aperçoit cependant que dans (18) on n'affirme
pas que le conséquent est possible, mais qu'il est possible-autre-
ment-que-Dieu-n'a-prévu. On ne doit donc pas conclure, selon la
règle (20), que le conséquent est possible.

Selon la deuxième interprétation (antécédent = 3) –

> 21. S'il est possible qu'(une-chose-advienne-autrement-que-
> Dieu-n'a-prévu), il est possible que Dieu se trompe,

la *conséquence* est sans doute vraie, parce que dans cette interprétation on affirme que l'antécédent de (19) est (simplement) possible,
et par (20) il s'ensuit que le conséquent de (19) est également possible. Mais l'antécédent de (21) est manifestement faux : il est abso-

---

1. L'analogie est même plus proche qu'il ne semble, parce que la relation de
conséquence ($\rightarrow$) était dans l'optique abélardienne une relation encore plus stricte que
la conséquence nécessaire (L ($\ldots \rightarrow \ldots$)) aujourd'hui : voir Martin (1987a), p. 385-393.

lument impossible que cette proposition «une chose advient autrement que Dieu n'a prévu» soit vraie[1].

L'analyse abélardienne est sans doute correcte, mais en fin de compte il n'a réussi qu'à mettre à jour et à réfuter une erreur assez simple. Quoiqu'il mette en évidence des idées très intéressantes en ce qui concerne les différentes conceptions de la possibilité (voir *supra*, § 2; *infra*, p. 71-74), au fond son analyse ne réussit qu'à dévoiler un sophisme tel que celui qui trompait le personnage *Boèce* (et très probablement aussi l'auteur Boèce) dans *Consolation* II. 5[2].

L'argumentation d'Abélard peut surprendre, cependant, en raison d'une lacune : pour Abélard, l'aspect chronologique du problème de la prescience semble ne pas exister. Il parle ici sans doute de la *pré*voyance, mais le temps ne semble pas jouer un rôle significatif dans l'enchaînement de ses idées. Supposons qu'on raisonne ainsi, sans dire rien de la prévoyance :

22. Pour n'importe quelle chose R, Dieu voit au présent que R existe de la façon dont elle existe – disons, f.
23. S'il est possible que R ne soit pas f, il est possible que Dieu se trompe.
24. Il est absolument impossible que Dieu se trompe.

Donc :

25. R est f par nécessité.

Si (14)-(17) constituait un argument valide (ce qui n'est pas le cas : la deuxième solution d'Abélard démontre que cet argument est en réalité sophistique), le raisonnement (22)-(25) – où le temps ne joue aucun rôle – serait également valide.

---

1. Abélard (1970), p. 218 : 35-8; cf. 218 : 38-219 : 9 : «Multum autem refert ad sententiam orationis determinationes predicatis modis adiungi seu eorum subiectis, sicut in tractatu modalium supra monstrauimus. Cum autem «possibile» simpliciter nuntiatur atque id totum subicitur : «rem euenire aliter quam Deus prouidit», tunc quidem regula supraposita aptari potest consequentie que ait : «cuiuscumque antecedens possibile est, et consequens», quippe hoc totum : «res aliter euenit quam Deus prouidit», antecedens erat ad illud : «Deus fallitur». Quare huic toti, sicut et illi, «possibile» attribuendum erat. Aliter enim regula nihil ad consequentiam, cum hec uera, illa falsa esse, ut dictum est, possit».

2. Voir *supra*, chapitre II, § 6.

Dans le paragraphe qui suit la présentation de la deuxième solution, Abélard ajoute un argument qui, de prime abord, ne semble pas aller au-delà d'une simple répétition du premier argument, que nous examinerons ci-dessous : que ce qui arrivera en fait pourrait être autrement qu'il ne sera, et dans ce cas la providence divine aurait été elle-même différente. Abélard dit que peut-être cette conséquence :

> 26. S'il n'est pas possible que les choses arrivent autrement que Dieu ne l'a prévu, elles ne peuvent arriver autrement qu'elles n'arrivent,

« n'est peut-être pas une conséquence nécessaire » (*fortasse necessitatem non tenet*). De même, sa réciproque, et également la conséquence qui ne contient pas de mode

> 27. Si la chose advient autrement qu'elle n'advient, elle advient autrement que Dieu a prévu,

ne sont pas nécessaires[1]. La première explication qu'il donne –

> Car elle pourrait advenir autrement qu'elle n'advient, et arriver conformément à la providence de Dieu – pour autant qu'Il eût pu avoir une autre providence que celle qu'Il a eue en accord avec un autre événement[2] –

ne diffère pas de ce qu'il a déjà dit, mais il ajoute une observation qui indique qu'il veut tenir compte d'une perspective nouvelle :

> En outre, bien qu'on considère comme équivalents et liés l'un a l'autre l'évènement et la providence de Dieu qui le concerne, on ne

---

1. Abélard (1970), p. 219 : 9-18 : « Illa quoque fortasse consequentia necessitatem non tenet : « si res aliter quam prouidit Deus euenire non possibile, nec aliter quam eueniunt euenire queunt » licet euentus rei ac Dei prouidentia in eodem consistant, sicut nec ipsius conuersa uera est, hec scilicet : « si possibile est aliter euenire quam euenit, possibile aliter euenire quam Deus prouidit » quemadmodum nec illa simplex : "si res aliter euenit quam euenit, aliter euenit quam Deus prouidit" ».

2. Abélard (1970), p. 219 : 19-21 : « Posset enim aliter euenire quam euenit, et secundum Dei prouidentiam contingere, pro eo scilicet quod aliam prouidentiam habuisse posset quam istam quam habuit secundum alium euentum ». La traduction est celle de Jolivet (1994), p. 178.

passe pas de l'un à l'autre par une inférence nécessaire, parce que
le sens de l'un n'est pas contenu dans l'énonciation de l'autre[1].

Ici Abélard se réfère à sa conception de ce qu'il faut pour qu'une
conséquence soit « nécessaire » (ou vraie, parce que, selon lui, il n'y
a pas de conséquences vraies qui ne sont pas des conséquences
nécessaires). En effet, il ne suffit pas qu'il soit impossible que
l'antécédent soit vrai et le conséquent faux (condition I); en plus, le
sens du conséquent doit être contenu dans le sens de l'antécédent
(condition II). Abélard pouvait donc accepter comme vraie une
conséquence telle que « s'il est un homme, il est rationnel », puisque
le sens du mot « homme » est : un animal mortel et rationnel. En
revanche, il devait rejeter « s'il est un homme, il n'est pas une
pierre »[2]. En ce qui concerne les conséquences qu'il analyse ici,
dans chaque cas les antécédents et les conséquents se réfèrent aux
mêmes choses (l'événement qui arrivera = l'événement que Dieu
prévoit en fait) – leurs références étant équivalentes *extensionelle-
ment*. Les conséquences remplissent donc la condition I. Ils ne
satisfont cependant pas la condition II, parce que le sens de « l'événement qui arrivera » diffère du sens de « la providence divine qui
concerne cet événement ». Si ingénieuse que soit cette utilisation de
sa théorie des conséquences, Abélard lui-même aurait dû reconnaître que, si l'on reformulait ces conséquences comme des arguments (par exemple : les prémisses « la chose advient autrement
qu'elle n'advient » et « l'événement qui arrivera ne diffère pas de la
providence divine qui concerne cet événement », et la conclusion :
« la chose advient autrement que Dieu n'a prévu »), les arguments
seraient évidemment valides.

J'ai déjà évoqué, dans le dernier paragraphe, la première
solution, qu'Abélard donne tout de suite après avoir formulé le
problème :

1. Abélard, 1970, p. 219 : 21-4 : « Insuper quamuis paria concedantur <et> sese
comitantia rei euentus et Dei prouidentia quae de ipso est, non tamen necessariam
inferentiam tenent, quorum neuter in enuntiatione alterius intelligitur ». La traduction
est également celle de Jolivet, mais j'ai substitué « sens » pour « idée ».
2. Abélard (1970), p. 395 : 6-35; cf. Martin (2004), p. 189-191 et Martin (1987a).

Mais il n'en est pas ainsi. Bien que Dieu ait éternellement prévu toutes choses comme elles allaient être, pourtant sa providence ne met aucune nécessité dans les choses. En effet, s'il prévoit que les choses futures adviendront, il les prévoit de telle façon qu'elles puissent aussi ne pas advenir, non de telle façon qu'elles adviennent nécessairement ; sinon il les prévoirait autrement qu'elles n'arriveront : car elles adviennent de telle sorte qu'elles puissent aussi ne pas advenir... [S]a providence concerne non seulement le fait qu'elles adviennent, mais aussi le fait qu'elles puissent ne pas advenir ; car il prévoit d'un seul coup tout ce qui est en toutes choses[1].

Cette prise de position ne diffère nullement de celle de Boèce dans son deuxième commentaire sur le *Peri hermeneias*, où il dit : « Dieu connaît les choses futures non pas comme arrivant par nécessité mais comme arrivant d'une façon contingente – il sait qu'elles pourraient se produire autrement »[2]. Abélard ajoute un thème qui provient de la *Consolation* – celui du regard divin qui voit simultanément toutes choses, mais il ne l'utilise pas, et le thème est à proprement parler superflu parce que, comme on l'a déjà noté, le temps ne joue pas de rôle significatif dans la présentation du problème. D'ailleurs, cette façon d'aborder le problème, bien que fidèle au Boèce du commentaire, s'oppose au raisonnement de la *Consolation*. Dans la *Consolation*, Boèce accepte que Dieu prévoit les choses futures autrement qu'elles n'arrivent – comme nécessaires, et non comme contingentes – et il explique, par le principe des modes du savoir, comment ceci peut arriver. Abélard n'admet aucun principe des modes du savoir, et il rejette donc toute suggestion qui poserait une différence entre la façon dont arriveront les choses futures et la façon dont Dieu prévoit qu'elles arriveront.

---

1. Abélard (1970), p. 218 : 3-11 : « Sed non est ita. Licet [ut] Deus ab eterno omnia prouiderit sicut futura erant, ipsa tamen eius prouidentia nullam rebus necessitatem infert. Si enim Ipse prouidet futura euenire ut non euenire etiam possint, <ea ita prouiderit> non ita ut ex necessitate eueniant ; alioquin aliter ea prouideret quam contingent ; sic namque ipsa eueniunt ut non euenire etiam possint... Eius prouidentia in eo est quod eueniant, uerum etiam quod non euenire queant ; omnia namque quae in omnibus sunt, simul prouidet ». Pour la traduction, Jolivet (1994), p. 176.
2. Voir *supra*, chapitre II, p. 24, n. 1.

Dans le paragraphe qui suit, Abélard fait ressortir les conséquences métaphysiques de cette idée que la providence de Dieu
aurait pu être différente :

> ... il est possible que les choses adviennent autrement qu'elles
> n'adviennent, et autrement que cela n'était dans la providence
> antérieure de Dieu ; il n'est pourtant pas possible qu'il se soit pour
> autant trompé. **Car si les choses avaient dû advenir autre-**
> **ment, la providence de Dieu que l'événement aurait suivi**
> **aurait été différente ; il n'aurait jamais eu la providence**
> **qu'il a eue, mais plutôt une autre, congruente à un autre**
> **événement, comme celle-ci à celui-ci** [1].

Dans le contexte de la théorie modale abélardienne, on ne
s'attend pas à trouver la phrase en caractères gras, qui implique
l'idée de providences synchroniques alternatives. Considérons un
événement futur contingent – par exemple, que j'écouterai *Les
Variations Goldberg* le 1 janvier 2010 : appelons cet événement
possible « E » et l'événement possible que je ne les écouterai pas ce
jour-là « $\sim E$ ». Abélard nous offre deux histoires providentielles
possibles (nous sommes au présent en t_2, après t_1 et avant t_3) :

28. En t_1 Dieu avait dans sa providence que E, et en t_3 E.

ou

29. En t_1 Dieu avait dans sa providence que $\sim E$, et en t_3 $\sim E$.

Abélard souligne même l'idée de providences alternatives par la
façon dont il considère (28) et (29). Il *ne dit pas* : « Au présent (t_2)
nous ne connaissons pas *laquelle* des deux propositions (28) et (29)
est vraie, mais nous savons que soit (28), soit (29), est vraie ». Il
suppose plutôt que (28) est vraie, et explique qu'au cas hypothétique
(qui ne correspond pas à ce qui arrivera en fait) de $\sim E$ en t_3, (29)
aurait été vraie, et non pas :

1. Abélard (1970), p. 218 : 16-22 : « Res tamen aliter euenire quam eueniunt
possibile est atque aliter euenire quam in prouidentia Dei fuit, quam iam habuit, nec
tamen ideo Ipsum posse decipi. Si enim res aliter euenture essent, alia fuisset Dei
prouidentia quam ipse euentus sequeretur, nec istam quam modo habuit prouidentiam,
umquam habuisset, immo aliam quae alii euentui congrueret, sicut ista isti ». J'ai adapté
la traduction de Jolivet (1994), p. 176-177, selon les suggestions d'Irène Rosier-Catach.
Jolivet explique l'expression qui termine la citation *sicut ista isti* : « comme celle (qu'il a
eue effectivement est congruent) à cet (événement qui s'est effectivement produit) ».

30. En t_1 Dieu avait dans sa providence que E, et en t_3 ~E.

En d'autres termes, dans ce passage, Abélard abandonne non
seulement la perspective aristotélicienne, selon laquelle il n'y a
qu'un passé possible, mais aussi sa tendance habituelle à considérer
les alternatives selon les capacités des choses («possibility *for*»).
Il pense plutôt (dans les termes de la «possibility *that*») à une
providence (passée, présente et future) actuelle, et à une providence
alternative (également passée, présente et future) possible non-
actuelle. Remarquons que, malgré la réminiscence de la *Consolation* quelques lignes plus haut, Abélard envisage ici Dieu comme
un étant dans le temps, qui a conçu sa providence avant les événements qu'il prévoyait. Remarquons aussi que, pour répondre effica-
cement de cette façon au problème de la prescience – face au risque
que la prescience divine fait encourir au libre-arbitre – Abélard
aurait dû admettre (ce qu'il n'admettrait pas du tout) que les choix
libres des hommes avaient une puissance causale rétroactive sur la
providence divine (si je décide en ou avant t_3 de ne pas écouter de
musique pendant cette journée du 1 janvier 2010, je pourrai changer
ce que Dieu a déjà prévu). Sinon, ce mode de réponse ne laisse aucun
rôle aux libres choix humains, parce que chaque événement se
déroule par nécessité ainsi que la providence divine l'a conçu.
Certes, il sauvegarde la contingence des événements futurs, dans la
mesure où la providence de Dieu est conçue elle-même comme
contingente – mais Abélard (au moins à la fin de sa carrière) considérait que la providence était nécessaire[1]!

§ 4. LE PROBLÈME DE LA PRESCIENCE : LA *LOGICA*

L'examen du problème de la prescience dans le commentaire du
Peri hermeneias de la *Logica* («*Ingredientibus*») s'ouvre d'une
façon qui n'évoque pas, contrairement au début de l'analyse parallèle dans la *Dialectica*, le Boèce commentateur d'Aristote, mais le

---

1. Une des doctrines abélardiennes rejetées par presque tout le monde était la
suivante : que Dieu ne peut pas faire plus ou autrement qu'il ne fait. Voir Marenbon
(1997), p. 217-225.

Boèce auteur de la *Consolation*. Abélard veut montrer, en citant plusieurs fois le texte du prosimetrum boécien, la distinction entre providence et fatalité[1]. Dans la *Dialectica*, il avait abordé le problème seulement en logicien, tandis que, à l'époque de la *Logica*, devenu moine, il étudiait et enseignait la théologie, et ses analyses en témoignent. Quoique la providence et la fatalité soient distinctes, dit-il, on peut caractériser Dieu en utilisant soit un mot soit l'autre : en effet, quand on dit que Dieu est *prouidens*, qu'il gouverne la fatalité, qu'il est sage ou qu'il agit bien :

> on parle d'une façon humaine et on désigne son essence simple et en soi absolument invariable au moyen d'une variété de noms, de manière proportionnée aux choses qui, grâce à lui qui est immuable, se produisent de façon variable et qui sont conçues de façon variable par nous[2].

Dans les lignes qui suivent, Abélard semble s'orienter vers une réponse au problème de la prescience qui se fonde – comme celle de Boèce – sur le statut permanent et immuable de Dieu :

> De la même façon, quand je suis assis à un moment, et non pas assis à un autre, et qu'on dit que Dieu comprend que je suis assis ou ne comprend pas ou ne sait pas que je suis assis, il n'y a pas de variation en lui, mais en moi. Quelle que soit la façon dont je me tienne, je ne peux pas me cacher de lui. Tandis que Dieu subsiste absolument invariablement en lui-même, il est présenté comme s'il était variable selon la variété des créatures ou de ses effets variés...[3].

1. Abélard (1927), p. 426-428 (§ 9.69-81).
2. Abélard (1927), p. 428 : 9-14 (§ 9.77) : « Nec ullae sunt proprietates, quas in Deo intelligamus, dum eum prouidentem uel fatalem dicimus uel scientem uel intelligentem uel bene agentem, sed more humano loquentes simplicem eius essentiam et in se omnino inuariabilem pro his, quae per eum inuariabilem uarie fieri contingunt et uarie a nobis excogitantur, uariis <designamus> nominibus » ; il continue (lignes 14-17) : « ut sapientia dicatur secundum hoc quod recte per eum omnia sunt disposita, prouidentia secundum hoc quod omnia, quae futura erant ipso faciente uel permittente, ipsum nec tunc, quando non erant, latebant ».
3. Abélard (1927), p. 428 : 18-23 (§ 9.78) : « Similiter cum modo me sedente, modo non sedente dicitur scire uel intelligere me sedentem et non intelligere uel scire me sedentem, nulla est in ipso uariatio, sed in me ; quocumque modo me habeam, ipsum latere non possum. Cum itaque omnino deus in se inuariabilis subsistat, secundum uarietatem creaturarum uel uarios effectus ipsius quasi uariabilis ostenditur ».

On remarque cependant qu'Abélard se limite à parler de
l'immutabilité divine. Il n'utilise pas de terminologie qui se réfère
au temps (sauf quand il dit quelques lignes plus bas que Dieu est
« présent » à tous) – et, en effet, la solution explicite au problème de
la prescience qu'Abélard propose, après avoir achevé sa discussion
de la providence et de la fatalité, suit en grande partie la voie (celle
du Boèce *commentateur*) qu'il avait déjà essayée dans la *Dialectica*,
en démasquant le caractère sophistique de l'argumentation pour
affirmer que quand Dieu « prévoit ou prédestine comment les choses
arriveront, elles arriveront de telle façon qu'elles peuvent ne pas
arriver »[1]. Certes, il ajoute que la providence « a prévu simultanément toutes les choses », mais cette observation ne dépasse pas ce
qu'il a dit dans le passage parallèle de la *Dialectica*[2]. Bref, malgré sa
lecture approfondie de la *Consolation*, Abélard ne semble pas
penser que les développements contenus dans cet ouvrage sur le
problème de la prescience méritent son attention.

Quand, dans le paragraphe qui suit, Abélard va proposer une
solution innovatrice au problème, elle ne tient aucun compte de
l'aspect temporel sur lequel la réponse boécienne se fondait.
Abélard s'appuie plutôt sur les analyses de la modalité qu'il développe dans la *Logica*. Il observe que la proposition modale suivante
est vraie avec sa détermination (« quand Dieu a prévu qu'elle
arrivera ») :

> 31. Il est impossible qu'une chose n'arrive pas ainsi, quand Dieu a
> prévu qu'elle arrivera.

---

1. Abélard (1927), p. 429 : 4-13 (§ 9.82-3) : « Cum ergo prouidet ea uel praedestinat,
uti sunt euentura, ipsa autem sic euentura sunt, ut queant etiam non euenire, utrumque in
prouidentia dei est uel praedestinatione, ut, cum nullo modo impediatur, quin fiant, sic
tamen eueniant, ut et non euenire possint. Sicut enim, si quis ante me ambulet, <quem>
uideam et sciam ambulare, uisus meus et scientia non confert ei, ut ex necessitate
ambulet, nec tamen ambulantem uidere uel scire possum, nisi ipse ambulet, ita dei
prouidentia me ita ambulaturum prouidit uel peccaturum, ut mihi necessitatem in altero
non inferret; alioquin ipse me compelleret peccare, nec reus essem, qui coactus
peccarem, sed ipse per quem peccare cogerer ».

2. Abélard (1927), p. 429 : 14 (§ 9.84); cf. *Dialectica* (Abélard, 1970, p. 218 : 11 :
« omnia namque quae in omnibus sunt, simul prouidet » (cité *supra*, p. 72, n. 1).

tandis que la proposition sans détermination :

32. Il est impossible qu'elle n'arrive pas ainsi.

est fausse. Il explique cette distinction en utilisant une analogie. Tandis que :

33. Il est impossible que cet homme ait deux pieds, quand il les a perdus.

ou :

34. Il est impossible que cet homme soit assis, en même temps qu'il se tient debout.

sont vraies, les mêmes propositions sans leurs déterminations :

35. Il impossible que cet homme ait deux pieds.

ou :

36. Il est impossible que cet homme soit assis.

sont fausses[1].

Il faut préciser que la fausseté de (35) et (36) n'est pas aussi évidente qu'une lecture innocente de ces propositions pourrait le suggérer : Abélard ne se réfère pas à n'importe quel homme normal et donc bipède ou à n'importe quel homme assis. En (35) l'homme a déjà subi l'amputation d'un pied, et en (36), au moment où l'on affirme la proposition l'homme se tient debout. Quelle est donc la distinction entre (35) et (33), ou (36) et (34) ? Abélard accepte les propositions simples (sans déterminations), parce que, selon sa conception de la modalité, on peut affirmer comme possible pour chaque membre d'une espèce tout ce qui ne s'oppose pas à la nature de cette espèce. Dire qu'il est possible que l'amputé ait deux pieds veut dire seulement que cet amputé, étant un homme, est d'une espèce dont la nature est compatible avec la bipédalité. On a expliqué plus haut comment cette conception de la possibilité

---

1. Abélard (1927), p. 429 : 18-25 (§ 9.85) : « Et nota, quod cum uera sit haec propositio modalis cum determinatione : Impossibile est rem non ita euenire, cum deus prouiderit euenire, non tamen uera est simplex, quae ait : Impossibile est non ita euenire. Nam et ista uera est : Impossibile est hunc hominem habere duos pedes, postquam amiserit uel impossibile est hunc hominem sedere, dum stat ; nec tamen ideo uerum est simpliciter, quod impossibile est uel hunc habere duos pedes uel hunc sedere ».

comme une capacité propre à tout membre d'une espèce était pour
Abélard la solution qu'il privilégiait pour concevoir la modalité.
Abélard met en parallèle les deux oppositions suivantes :

(A)   [33 & 34] L'*impossibilité* d'une contradiction – que, par
      exemple, un homme est assis et se tienne debout au même
      moment, et qu'il soit à la fois sans un de ses deux pieds et
      bipède.

qui contraste avec*

(B)   [35 & 36] La *possibilité* purement spécifique d'un homme à
      être et effectuer tout ce qui ne s'oppose pas à sa nature
      d'homme.

(A') [31] L'*impossibilité* qu'il y a à ce que Dieu prévoie qu'une
      chose arrive autrement qu'elle n'arrive.

qui contraste avec*

(B') [32] La *possibilité* pour une chose d'arriver autrement
      qu'elle n'arrivera en réalité.

Si l'on ne pouvait pas affirmer (B'), on serait contraint à admettre
qu'il n'y pas de futurs contingents et que tout advient par nécessité.
Malheureusement, même (B') ne peut guère satisfaire celui qui veut
sauvegarder la contingence et la liberté humaine. De même que la
possibilité purement spécifique d'être bipède ne donne pas aux
amputés motif à se réjouir (ce ne sera jamais *eux* qui bénéficieront
des deux pieds connaturels aux hommes), de même une possibilité
purement spécifique d'être autrement ne sauvegarde ni la vraie
contingence ni la véritable liberté. Si, parce que Dieu le prévoit, il est
nécessaire que je ne mange pas de viande ce soir, je ne serai pas du
tout libéré de cette contrainte de la nécessité en constatant qu'une
autre personne pourrait manger de la viande ce soir, du fait que la
nature humaine ne s'oppose pas à la consommation de viande.

Il est possible qu'Abélard lui-même n'ait pas eu vraiment
confiance en cette nouvelle réponse, ou que peut-être, comme
Boèce, il ait pensé qu'il n'était pas suffisant de démontrer que la
prescience divine ne détruit pas la contingence, si l'on n'explique
pas en outre comment la contingence des événements futurs

n'implique pas que Dieu puisse se tromper. Quoi qu'il en soit, Abélard poursuit en analysant semble-t-il le problème de la prescience comme il l'avait déjà fait dans la *Dialectica*. Il donne cependant une formulation plus serrée du problème. Dans la *Dialectica*, le problème a été formulé à partir de la proposition « il est possible qu'une chose advienne autrement que Dieu n'a prévu » ; ici le point de départ est une affirmation plus claire de la contingence : « il est possible qu'une chose arrive autrement qu'elle n'arrive ». Nier cette proposition-ci serait assurément refuser qu'il y ait des événements contingents. Abélard raisonne donc comme suit[1] :

<37. Il est possible qu'une chose arrive autrement qu'elle n'arrive. [condition de la csontingence]>
38. S'il est possible qu'une chose arrive autrement qu'elle n'arrive, il est possible qu'une chose arrive autrement que Dieu ne prévoie qu'elle arrive. [selon la topique *a pari*]
39. Il est possible que Dieu prévoie une chose autrement qu'elle n'arrive. [37, 38 ; *modus ponens*]
40. Il est possible que Dieu se trompe. [39]

Abélard proposait (37) quelques lignes plus haut. Il affirme (38) puisque la prévoyance d'un événement doit s'accorder à l'événement, pour qu'il soit prévoyance, et il suppose (avec raison) que « une chose arrive autrement que Dieu ne prévoit » équivaut à « Dieu prévoit une chose autrement qu'elle n'arrive ». L'argumentation précise qui garantit l'inférence de (40) à partir de (39), en partant d'un principe de transfert de la possibilité, est la même qu'il a déjà utilisée dans la *Dialectica*. La désambiguïsation qui permettra

1. Abélard (1927), p. 429 : 30-430 : 3 (§ 9.87-9) : « Si possibile est rem aliter euenire, quam euenit, possibile est rem aliter euenire, quam deus euenturam esse prouidit. A pari. Et ita possibile est deum rem aliter prouidere, quam euenit, et ita possibile est deum falli. Si enim aliter euenit res, quam deus prouidit, uel aliter prouidit deus, quam euenit, deus fallitur. Unde si possibile est aliter euenire, quam deus prouidit, uel aliter prouidisse, quam euenit, possibile est deum falli. Cuiuscumque enim antecedens est possibile, possibile est et consequens... Cum itaque haec consequentia uera sit : Si res aliter euenit, quam deus prouidit, uel aliter prouidit, quam euenit, deus fallitur, uera est et haec : Si possibile est aliter prouidisse uel <euenire>, possibile est deum falli. Itaque per medium probata est proposita consequentia, haec scilicet : Si possibile est rem aliter euenire quam euenit, possibile est Deum falli ».

Abélard de rejeter (40) est la même que dans la *Dialectica*, sauf que la proposition à désambiguïser n'est pas « il est possible qu'une chose advienne autrement que Dieu n'a prévu » mais « il est possible qu'une chose arrive autrement qu'elle n'arrive ».

Abélard met d'ailleurs ici cette analyse en parallèle avec une des distinctions générales qui fonde sa théorie de la modalité. Les deux sens de « il est possible qu'une chose arrive autrement qu'elle n'arrive » s'opposent de la même manière que les deux sens de « il est possible que l'homme qui se tient debout soit assis » :

> (41) la chose qui se tient debout est une chose d'une nature telle qu'elle peut être assise (*rem illam quae stat, natura permittit sedere*) ‖ il est possible que la chose arrive autrement qu'elle n'arrive ou autrement que Dieu ne la prévoit maintenant (*possibile est rem euenire alio modo quam euenit, uel quam Deus adhuc in sua prouidentia habuerit*)
>
> (42) la nature permet que ce que dit cette proposition – « ce qui se tient debout est assis – s'accomplisse en réalité » (*natura permittit ita esse ut dicit haec propositio : « stans sedet »* ‖ il est possible qu'il se produise comme le dit cette proposition, « une chose arrive autrement qu'elle n'arrive » ou « ...autrement que Dieu n'a prévu » (*possibile sit ita contingere, ut haec propositio dicit : « res euenit aliter, quam euenit » uel « aliter, quam Deus prouidit »*).

On ne doit donc pas s'étonner de découvrir qu'Abélard achève son examen du problème en proposant une interprétation qui lui permet d'éviter l'idée des providences alternatives, qu'il avait admise, mais de façon passagère, dans la *Dialectica*, puisque cette idée est au fond étrangère à sa pensée modale et, en particulier, à l'idée d'une modalité fondée sur la capacité des espèces. Abélard écrit :

> D'ailleurs, quand nous disons, « Il est possible qu'une chose arrive autrement qu'elle arrive ou autrement que Dieu n'a prévu », c'est-à-dire, « <arrive> de façon contraire », nous ne comprenons pas « autrement » comme signifiant une relation, mais comme une négation, comme s'il disait : « Il est possible qu'elle n'arrive pas de la façon dont elle arrive ou que Dieu a prévue ». Nous nions sans qualification l'événement. Nous ne posons aucune différence de

mode entre items qui ne peuvent pas être en même temps ou qui ne peuvent pas exister, c'est-à-dire les *dicta* des propositions. Mais, en effet, quand nous comprenons comme négative « Il est possible qu'une chose arrive autrement que Dieu ne l'a prévue » c'est-à-dire « pas de la façon qu'il a prévue », il ne suit ni qu'il pourrait prévoir autrement, ni qu'il pourrait se tromper[1].

On peut mieux comprendre ce passage, peut-être déconcertant, en l'opposant à la conception de la providence divine de Duns Scot ou de Leibniz.

Selon Scot et Leibniz, Dieu connaît tous les mondes possibles, qui existent dans l'intelligence divine, et dans cette infinité de mondes Dieu en choisit un comme le monde qu'il actualise. Abélard soutient, au contraire, qu'il n'y a pas d'histoires providentielles non-actualisées. Il y a tout simplement la providence divine, qui équivaut à l'histoire véritable du monde. Cette histoire est constituée en partie des événements contingents, et de tout événement contingent on peut affirmer avec vérité : « il aurait pu arriver autrement qu'il n'est ». Abélard insiste, cependant, pour dire qu'une telle affirmation ne doit pas être comprise comme si elle avait un contenu défini. Considérons, par exemple, l'événement E, que John Marenbon boira une bouteille de champagne ce soir, 29 juillet 2004 (j'aurai achevé ce chapitre et aurai donc quelque chose à fêter). Dieu a prévu E, mais de façon telle qu'il savait qu'E pourrait arriver autrement (et dans ce cas il l'aurait prévu autrement) : mais cela ne veut pas dire, selon Abélard, que Dieu comprend E comme un membre d'une série (infinie) d'événements alternatifs, $A, B, C, D, E, F, G...$ Selon Abélard, Dieu connaît E, et il sait qu'il aurait pu arriver que non-E : point.

Abélard explique sa prise de position en utilisant le terme technique *dictum*, un terme qu'il emploie pour la première fois dans

---

1. Abélard (1927), p. 430 : 40 -431 : 7 (§ 9.99) : « Praeterea cum dicimus, « Possibile est rem aliter euenire, quam euenit uel quam deus prouidit », id est opposito modo, « aliter » non relatiue, sed negatiue accipimus, ac si diceretur : « possibile est, ut non eueniat eo modo quo euenit uel Deus prouidit, euentum simpliciter negantes, non aliquam diuersitatem modi ponentes in his, quae numquam simul esse contingit uel quae aliquid esse non possunt, dictis scilicet propositionum. At uero cum negatiue accipiamus « Possibile est rem aliter euenire, quam deus prouidit », id est, « non eo modo quo prouidit », non sequitur quod uel ipse alio modo posset prouidere uel deceptus esse ».

la *Logica* : Comme je l'ai déjà indiqué, par « *dictum* » Abélard signifie ce que les propositions (c'est-à-dire, les phrases particulières assertoriques) disent[1]. D'un point de vue leibnizien, on imagine une série de *dicta*, *d-A*, *d-B*, *d-C* correspondant à la série *A*, *B*, *C*..., *dicta* qui « ne peuvent pas être en même temps » parce que seul un membre de la série peut être actualisé. Une façon de représenter une telle série serait de qualifier les *dicta* par les modes : on dirait donc « possiblement *d-A* », « possiblement *d-B* » et « vraiment *d-E* ». (Il y a aussi, dit Abélard, des *dicta* « qui ne peuvent pas exister ». Il pense probablement à ce qui était autrefois possible, mais qui ne peut pas arriver maintenant – par exemple, que je nage dans la mer immédiatement; d'un point de vue leibnizien, même ce *dictum* serait qualifié de possible). Par contre, Abélard refuse absolument de considérer la qualification modale des *dicta* : les *dicta* ne sont que ce que disent les propositions indicatives. Cette prise de position est tout à fait solidaire de l'analyse générale des propositions modales qu'il soutient (voir ci-dessus, § 2), et qui ne permet que l'interprétation *de re*, en proscrivant l'interprétation *de statu*, parce que c'est précisément selon l'interprétation *de statu* que la qualification de possibilité (ou de nécessité etc.) s'applique à ce que la proposition simple dit, c'est-à-dire, au *dictum*[2].

§ 5. LE PROBLÈME DE LA PRESCIENCE : LA *THEOLOGIA SCHOLARIUM*

Abélard écrivit la *Logica* seulement trois ou quatre ans après avoir achevé la *Dialectica*. Il y a, par contre, un intervalle beaucoup plus grand entre la *Logica* et la *Theologia scholarium*, qui date de c. 1134-5, époque où Abélard enseigna une nouvelle fois à Paris. Durant les années 1120-1134/5, Abélard avait élaboré un système

---

1. Voir *supra*, p. 58.
2. Abélard continue en proposant un parallèle qui semble peut-être hors de propos, mais qui renforce sa détermination à exclure l'idée de Dieu comme celui qui comprend les providences alternatives : (Abélard (1927), p. 431 : 7-12 (§ 9.99) : « Cum enim possibile sit rem euenire non eo modo quo lapis prouidit, non tamen uel aliter lapis prouidisse potuit uel decipi, quia omnino prouidere lapis nil potest nec decipi. Sed nec eadem ratione illud sequitur, quod si euenit non eo modo quo deus prouidit, deus aliter prouidit uel deceptus est, quia idem similiter in lapide fallat ».

théologique cohérent et magistral, fondé sur une éthique audacieuse ; mais de façon générale, après c. 1125-6, il ne s'intéresse plus
guère à la logique, se contentant de répéter les théories qu'il avait
développées une décennie plus tôt[1]. Pour Abélard, le problème de la
prescience était à résoudre au moyen des outils de la logique, et ce
mode de résolution logique ne diffère, de fait, pas beaucoup, de la
Logica à la *Theologia scholarium*.

Toutefois, dans la *Theologia*, la présentation qu'il adopte et les
points sur lesquels il insiste sont nouveaux. L'ouvrage offre en outre
une lecture du cinquième livre de la *Consolation* de Boèce des plus
fascinantes pour qui retrace l'histoire de la solution « boécienne ».

Après avoir énoncé le problème, Abélard répond immédiatement qu'il accepte qu'en ce qui concerne chaque événement, il
adviendra d'une façon telle, si [Dieu] a prévu qu'il adviendra de
cette façon. On ne doit pas cependant admettre en conséquence qu'il
est nécessaire sans qualification qu'il adviendra de telle façon[2].

Abélard veut bien distinguer entre d'un côté l'affirmation qu'un
événement est simplement nécessaire, et de l'autre l'affirmation
qu'un événement est nécessaire, mais seulement étant donné que *A*
(où *A* est une « détermination », une condition quelconque – par
exemple : si Dieu avait prévu l'événement). C'est la même distinction qu'il avait signalée dans la *Logica* (voir (32) et (31), ci-dessus).
Il n'essaie pas ici, cependant, de lier cette opposition à sa conception

---

1. Voir Marenbon (1997), p. 213-331.

2. Je donne le contexte – Abélard (1987), p. 541 : 1337-1355 (§ 3.102) : « Constat,
inquiunt, diuinam prouidentiam falli non posse, et omnia quae eueniunt ita ut eueniunt
ab eo esse prouisa. Ergo ita ut eueniunt, singula euenire necesse est, cum uidelicet sicut
ab eo prouisa sunt, ea euenire necesse sit. Non enim fieri potest ut ipse aliqua prouideat,
et non ita ut ipse prouidit eueniant. Cum ergo singula prouideat euenire ita ut eueniunt,
profecto ita ipsa euenire necesse est. Verbi gratia, prouidit ab aeterno, id est praesciuit,
hunc qui damnandus est facere per quae damnetur. Igitur cum ita praeuiderit fieri
necesse est, inquiunt, ita fieri. – Et nos quidem quam diximus Aristotelis sententiam
sequentes, concedimus de singulis quia necesse est ita euenire, cum ipse ita euenire
prouiderit. Non tamen ideo simpliciter concedere cogimur quia necesse est ita euenire,
cum uidelicet, ut dictum est, simplex necessarii praedicatio nequaquam consequatur
determinata. Sicut enim quod est, necesse est esse quando est, uel quod fit, necesse est
fieri quando fit, nec tamen ideo simpliciter esse uel fieri necesse est ita et unumquodque
prouisum fieri a deo necesse est fieri, cum ab ipso fieri prouisum sit, nec tamen ideo fieri
necesse est ».

de la modalité, fondée sur les capacités spécifiques. Après une digression, où il distingue les portées des opérateurs pour expliquer pourquoi on ne peut pas inférer de la proposition vraie « il est nécessaire que l'événement *E* advienne ou n'advienne pas », que *E* advient on n'advient pas par nécessité, il explique :

> Si– au lieu de la proposition qui dit : « Il est nécessaire que ce que Dieu prévoit arrive, puisque Dieu l'avait prévu » – quelqu'un disait de façon absolue sans conjonction ni détermination : « Il est nécessaire que ce que Dieu prévoit arrive » ou même : « Il est nécessaire que tout ce que Dieu prévoit arrive » et qu'ensuite il démontre à partir de là que ce qui arrive, aussi bien ceci que cela, arrive nécessairement – comme si nous disions de celui-ci qui écrit, ou de celui-là qui commet l'adultère, qu'il est nécessaire que celui-ci écrive ou que celui-là commette l'adultère, l'argumentation ne tiendrait absolument pas… **Même si nous admettons qu'« il est nécessaire que ce que Dieu a prévu arrive », en sous-entendant « quand il l'aura prévu », pour autant nous ne devons nullement admettre simplement qu'il est nécessaire** – c'est-à-dire, inévitable, que celui-ci écrive ou que celui-là commette l'adultère, puisque l'un ou l'autre événement peut cesser ou ne pas arriver, et que tout péché est volontaire plutôt que nécessaire, et procède du libre arbitre, et non de quelque contrainte de la nature, ni d'une coercition de la providence divine[1].

J'ai indiqué en gras le nœud de la réponse abélardienne, qui repose très simplement sur le principe que l'on ne peut pas inférer de « Nécessairement (*p*, étant donné que *q*) » « Nécessairement *p* ». On

---

1. Abélard (1987), p. 543 : 1401-544 : 1424 (§ 3.107) : « Si quis autem pro ea propositione quae dicit : « Quod deus prouidit, necesse est euenire cum ipse prouiderit » dicat simpliciter absque coniunctione uel determinatione, « Quod deus prouidit, necesse est euenire » uel etiam, « Quicquid deus prouidit, necesse est euenire » atque hinc tam hoc quam illud quod euenit probet quia necesse est euenire, ueluti si de hoc qui scribit uel de illo qui adulteratur dicamus simpliciter quia necesse est hunc scribere uel illum adulterari – nullatenus procedit… [E]tsi recipiamus quia « Quod prouidit deus, necesse est euenire », hoc scilicet subintelligentes, « cum id ipse prouiderit », nequaquam ideo recipere simpliciter debemus quia hunc scribere uel illum adulterari necesse sit, hoc est ineuitabile, cum uidelicet utrumque cessare uel non euenire possit, et omne peccatum magis uoluntarium quam necessarium sit et ex libero procedens arbitrio, non ex aliqua coactione naturae, uel diuinae prouidentiae compulsione ». Pour la traduction de ce passage, et celui qui suit, j'ai consulté celle de D. Poirel (Bardout et Boulnois, 2002, p. 103-109).

constate la tournure théologique et morale qu'Abélard, qui se focalise à présent sur la doctrine chrétienne, donne au problème[1].

Abélard continue d'une manière qui rappelle la *Consolation* :

> En effet la providence, c'est-à-dire la prescience de Dieu n'impose pas plus la nécessité sur les choses que notre prescience ou notre science. Car, de même qu'il est nécessaire que ceci arrive lorsque Dieu l'aura prévu, de même il est nécessaire que ceci arrive quand je l'aurai prévu, ou que ceci soit, quand je sais ou vois que ceci est. Par exemple, je vois que celui-ci écrit, et il est nécessaire qu'il écrive quand je vois qu'il écrit, mais ma vision ne le force à écrire par aucune nécessité, pas plus qu'elle ne pousse à marcher celui que je vois marcher[2].

Et Abélard consacre le paragraphe suivant à deux citations de Boèce qui parle « en la personne de la *Philosophie* ». Le choix des citations est révélateur. La première joint la première formulation du problème (II. 4) de *Boèce* aux premiers mots (« Vetus haec est de prouidentia querela ») de la *Philosophie*. Pour la seconde, Abélard saute tout l'argument sur les modes du savoir pour arriver au passage sur les « deux nécessités », l'une simple et l'autre conditionnée. J'ai noté au chapitre II, dans mon analyse de la *Consolation*, que Boèce, à la différence de la plupart de ses interprètes modernes, ne comprenait pas cette distinction comme une distinction entre la portée des différents opérateurs de modalité. Inversement, Abélard la regarde avec les mêmes yeux que ces lecteurs modernes : selon Abélard en effet, quand Boèce explique que la nécessite condi-

---

1. Dans une section omise dans ma citation, Abélard discute de la signification du mot « prédestiné » (*praedestinatus*), qu'il analyse comme sous-entendant une détermination (p. 544 : 1415-7) : « Hinc in quodam sensu recipimus quod praedestinatum necesse est saluari, hoc est eum qui talis est, cum sit praedestinatus, saluari necesse est ».

2. Abélard (1987), p. 544 : 1424-1432 (§ 3.107) : « Non enim prouidentia, hoc est praescientia dei, necessitatem rebus infert magis quam nostra praescientia siue scientia. Sicut enim necesse est hoc euenire cum deus prouiderit, ita etiam necesse est istud contingere cum ego praescierim, uel ipsum esse cum ego sciam uel uideam illud esse.* Verbi gratia, uideo istum scribere et necesse est eum scribere cum uideam eum scribere, nec tamen uisus meus ulla necessitate eum ad scribendum compellit, uel eum quem ambulare uideo ad ambulandum ». [*Selon Buytaert et Mews, Abélard écrit : *cum ego praescierim uel <praeuiderim> ipsum esse, cum ego sciam uel uideam illud esse*, où *praeuiderim* manque dans le manuscrit et a été suggéré par Buytaert. Mais cette addition rend le passage presque incompréhensible !]. Voir *De consolatione*, V. 4. 16 et V. 6. 27-8.

tionnée n'entraîne pas la nécessité simple, c'est qu'il refuse qu'on puisse arriver à une proposition simple (e.g. 32) à partir d'une proposition déterminée (e.g. 31). Abélard apparaît donc comme le premier des logiciens contemporains qui ont déformé la pensée de Boèce, et ce parce qu'ils la comprennent à travers une lentille philosophique trop raffinée. De plus, Abélard lit la comparaison entre la prescience divine et la connaissance humaine de ce qui se produit au présent comme s'il s'agissait d'un rapprochement absolument évident, et non pas la conséquence d'une théorie (qu'il ne signale nullement) posant le présent de l'éternité divine. On ne doit pas s'en étonner, parce qu'Abélard ne pensait pas que le temps était un élément significatif du complexe qui constitue le problème de la prescience. D'ailleurs, alors que cette comparaison est valable dans la perspective boécienne, du fait que les événements présents *sont* nécessaires, et ainsi certains et connaissables, Abélard veut à l'inverse mettre en évidence que les événements que Dieu prévoit, ou que les hommes voient, arrivent de telle façon qu'ils auraient pu ne pas arriver – une idée/un argument (dérivant de Boèce le commentateur) qui reste central dans les trois exposés abélardiens du problème.

La section qui suit (§ 3.112-3) répète l'analyse de (1) (« S'il est possible qu'une chose advienne autrement que Dieu n'a prévu, il est possible que Dieu se trompe »), en se rapprochant plus de la discussion de la *Dialectica* que de la version plus élaborée de la *Logica*. Ensuite, dans les trois paragraphes qui achèvent la discussion sur la prescience, Abélard aborde le problème dans une perspective assez nouvelle. Même si l'on accepte que les choses puissent arriver autrement que Dieu n'a prévu, « il reste cependant certain que toutes les choses arrivent comme il a prévu et que nul hasard n'empêchera leur accomplissement ». Ainsi, Dieu prévoit que ceux qui seront bienheureux au ciel seront bienheureux au ciel : pourquoi nous efforçons-nous alors d'atteindre ce but, puisque ce que Dieu a prévu adviendra sans aucun doute ? Et Abélard de répondre que Dieu prévoit à la fois la salvation des bienheureux et les actions vertueuses par lesquelles ils la mériteront[1]. Il ajoute, cependant, que de même qu'on essaie vainement d'empêcher ce qui est établi dans la providence divine, de même il est inutile d'essayer de réaliser quelque chose que Dieu n'a pas prévu. Il cite l'exemple de quelqu'un qui se met à construire un hôpital pour les pauvres; grâce à quelque infortune, la construction n'est jamais achevée et les pauvres ne profitent jamais de l'hôpital. Selon Abélard, Dieu récompensera la bonne volonté du bienfaiteur, mais son action doit être jugée tout de même irraisonnable. On entrevoit ici un aspect de la pensée d'Abélard des années 1130 qui se cache derrière son analyse du problème de la prescience: une tendance vers un fatalisme quasi-stoïcien qui englobe tout, sauf la volonté morale[3].

§ 6. LE PROBLÈME DE LA PRESCIENCE: LES *SENTENCES*

Dans l'enseignement oral (de c. 1132-4) rapporté par les collections de *Sentences*, Abélard semble s'être abstenu de l'analyse compliquée de (1) qu'il a proposée dans la *Dialectica* et réitérée dans ses discussions postérieures du problème de la prescience, pour se limiter à une version de la distinction, que l'on trouve dans la *Logica* et dans la *Theologia scholarium*, entre une proposition simple et une proposition avec une détermination. Après avoir posé le problème (la formulation la plus claire se trouve dans les *Sententiae Parisienses*: «puisque Dieu prévoit tout, et que nulle chose ne peut arriver autrement qu'il ne prévoit, il est nécessaire

---

1. Abélard (1987), p. 547: 1526-30 (§ 3.115): «At uero cum deus non solum eum saluari, uerum etiam per quae saluaretur prouiderit, tam saluatio ipsius quam opera in diuina fuerint prouidentia, ac per hoc necesse est ut, iuxta hanc de prouidentiam, opera quoque praecedant per quae saluemur».

2. Abélard (1987) § 3.116; cf. Marenbon (1997), p. 294-295.

3. Cet aspect de la pensée abélardienne des années 1130 *sq.* est très évidente vers la fin de l'*Historia Calamitatum* (par exemple, Abélard, 1978, p. 108: 1592-7): «et quoniam omnia diuina dispositione geruntur, in hoc se saltem quisque fidelium in omni pressura consoletur, quod nihil inordinate fieri umquam summa Dei bonitas permittit, et quod quecumque peruerse fiunt optimo fine ipse terminat; unde et ei de omnibus recte dicitur: "Fiat uoluntas tua"»). Calvin Normore a donné une conférence très intéressante (à Oslo, novembre 2003) sur les éléments stoïciens (y compris le fatalisme) dans la logique et la morale d'Abélard: on attend impatiemment sa publication.

qu'elle arrive comme il la prévoit. Et en conséquence toutes les choses sont par nécessité»)[1], Abélard explique que, bien que la proposition «la chose qui est prévue par Dieu va nécessairement advenir» soit vraie, elle n'entraîne pas la proposition suivante: «la chose est donc nécessaire»[2]. Abélard manifeste aussi la même tendance ici que dans la *Theologia scholarium* à assimiler la prévoyance divine à la connaissance humaine du présent, d'une façon qui n'est pas du tout boécienne, puisque, selon Boèce, on ne comprend cette assimilation qu'en scrutant les mystères du mode divin d'exister, tandis que pour Abélard, celle-ci est banale[3]. La présentation de la solution des *Sententiae* témoigne aussi du penchant abélardien à concevoir la possibilité comme une capacité (sa préférence pour «possibility *for*» plutôt que «possibility *that*»). Les *Sententiae Parisienses* disent:

> Dieu ne prévoit qu'une seule fois, et quant à lui, il est impossible que les choses arrivent autrement. Mais, quant à la chose qui est sujette [à sa prévoyance], il est possible qu'elle se produise comme Dieu la prévoit et [possible qu'elle se produise] autrement[4];

et les *Sententiae Florianenses* expliquent:

> Car il ne se peut pas que Dieu prévoie que quelque chose va se produire et qu'elle ne se produise pas. Cette impossibilité ne

---

1. Landgraf (1934), p. 26: 7-9.
2. Abélard (à paraître-b) § 160 (Abélard, 1983, p. 97): «... cum uera sit ista, hoc prouisum a Deo necessario futurum est, non inde infertur: Ergo hoc necessario futurum est». Je remercie David Luscombe de m'avoir permis à utiliser son édition critique des *Sententiae*, qui va paraître dans la collection *Corpus Christianorum, continuatio mediaeualis*.
3. Voir *Sententiae Abaelardi* – Abélard (à paraître-b) § 161 (Abélard, 1983, p. 97): «In nobis quoque illud falli promptum est, ut me uidente currum agi, currus necesario agitur, non tamen inde sequitur: Ergo currus necessario agitur». Les *Sententiae Parisienses* (Landgraf, 1934, p. 26: 9-11) citent comme parallèle le célèbre dit d'Aristote, «ce qui est, est nécessairement, au moment où il est».
4. Landgraf (1934), p. 26: 19-22): «Deus uno modo tantum preuidet, et quantum ad ipsum impossibile est aliter euenire; sed quantum ad rem subiectam possibile est sic euenire, ut Deus preuidet, et aliter». On remarque ici (et dans la citation dans la note prochaine) combien Abélard se rapproche de sa discussion de l'omnipotence divine et sa réponse au déterminisme apparemment entraîné par sa théorie que Dieu ne peut que faire ce qu'il fait: voir *Theologia scholarium* III (Abélard, 1987, § 3.49-53), Marenbon (1997), p. 223-225.

dérive pourtant pas de la nature de la chose, mais de l'adjonction [la détermination]. La nature de la chose peut bien endurer le fait de ne pas être, mais il ne se peut pas qu'une chose soit prévue et ne se produise pas[1].

Il y a cependant quelque chose de nouveau dans les *Sentences* : une observation dans les *Sententiae Abaelardi* qui pourrait évoquer l'idée boécienne d'un Dieu qui est hors du temps : « il n'y a rien entre son éternité et le dernier moment du temps – puisque c'est ainsi, dis-je, tout ce qui était, ou est, ou sera, lui est totalement présent »[2]. On ne doit pas cependant accorder trop d'importance à cette idée passagère, qui constitue un simple appendice à une théorie de l'immutabilité du contenu de la providence divine[3]. Même quand il discute explicitement du temps, Abélard semble toujours le faire de façon superficielle ; c'est de fait un des rares domaines de la philosophie qu'il n'a jamais pris au sérieux.

§ 7. CONCLUSION

Abélard ne cesse jamais d'être pour nous un penseur fascinant. Il a pu utiliser des outils analytiques, qu'il avait pour la plupart

---

1. Ostlender (1929), p. 12 : 11-15 : « Nam non potest esse, quod Deus prouideat aliquid futurum esse quod non contingit. Hoc tamen rei natura non exigit, sed adiunctio. Nam potest rei natura bene pati, quod non sit, sed quod prouisa sit et non sit, id non potest esse ».

2. Abélard (à paraître -b) § 163 (Abélard, 1983, p. 98) : « ...nichil est inter eius eternitatem et ultimum temporis momentum – cum inquam hoc sit, quicquid fuit uel est uel erit ei omnino presens est ».

3. Abélard dit que le contenu de la providence divine ne change pas : si « Dieu sait que quelqu'un lit aujourd'hui ou maintenant, il saura pour l'éternité qu'il a lu aujourd'hui », et il observe que les mots comme « hier », « aujourd'hui » et « demain » ont des significations différentes quand on les dit dans le même temps, mais ont ou peuvent avoir la même signification si on les dit en des temps différents (Abélard (à paraître-b) § 162 (Abélard, 1983, p. 98) ; Landgraf (1934), p, 26 : 26 -27 : 7). Dans un commentaire anonyme sur les *Catégories* du milieu du douzième siècle, on attribue à « Maître Pierre » une théorie qui transforme ces observations que l'on trouve dans les *Sentences* en doctrine cohérente. Il propose que chaque *dictum* retient une signification constante, mais que le passage du temps exige que l'on exprime cette signification inaltérée au moyen de propositions différentes : la proposition « Jean lira demain », dite hier, exprime le même *dictum* que celui que la proposition « Jean lit aujourd'hui » dit aujourd'hui : voir Marenbon (1992), p. 58-60.

lui-même fabriqués, pour scruter la structure logique des mêmes
propositions modales que celles qui avaient amené Boèce à se faire
prendre dans les pièges des sophismes. En lisant les analyses qu'il
donne au problème de la prescience et les réponses qu'il propose, de
la *Dialectica* à la *Theologia scholarium*, on le voit à la fois répétant
une solution qu'il jugeait satisfaisante, et explorant des aspects
nouveaux du problème, à la lumière de sa théorie modale. Et
pourtant, la conclusion principale qu'il faut avancer est une conclusion négative. Abélard ne tient aucun compte de l'aspect temporel
du problème. Il se borne en effet à démasquer ce que j'ai appelé
« l'argument naïf contre la contingence ». La distinction entre les
versions déterminées et simples d'une même proposition est au
cœur de la méthode la plus directe et la plus facile utilisée par
Abélard. La version du problème où la contingence semble entraîner
la possibilité que Dieu se trompe exige une analyse plus compliquée, et donne l'occasion à Abélard d'expliquer certains éléments
essentiels de sa conception de la modalité. Abélard utilise donc une
mécanique logique raffinée pour aborder ce qui reste, au fond, une
simple erreur.

Il est vrai que l'argument naïf contre la contingence a très
probablement trompé Boèce, mais ne l'a pourtant pas empêché de se
rendre compte de ce que l'aspect temporel – selon lequel on prétend
que Dieu a prévu hier ce que je ferai demain – était absolument
décisif. Abélard, méfiant par profession envers les pièges logiques,
ne pouvait se laisser tromper par un sophisme reposant sur la portée
des opérateurs modaux ; mais il passait alors à côté du problème. Et il
y a une ironie de plus. Justifier la liberté humaine en face de l'argument de la nécessite accidentelle – la formulation la plus puissante du
problème de la prescience – est une tâche très difficile, peut-être
impossible. Formuler une telle justification quand on ne fait face qu'à
la forme faible du problème, celle qu'Abélard considérait, aurait dû
être assez facile ; cependant, en raison de sa conception de la
possibilité, qui ne se fonde pas sur les actions hypothétiques qu'un
individu pourrait entreprendre, mais sur la capacité générale des
membres d'une espèce, Abélard ne présente aucune justification

convaincante de la liberté humaine. Cette restriction inattendue qu'on le voit mettre à la liberté humaine s'accorde peut-être avec une certaine tendance, qui se fait jour particulièrement dans les écrits de la dernière décennie, à aller vers un fatalisme plus stoïcien qu'augustinien.

CHAPITRE IV

LA SOLUTION « SOPHISMATIQUE »
ET AU-DELÀ

Les analyses d'Abélard sur le problème de la prescience étaient assez peu prévisibles. On ne comprend qu'avec difficulté pourquoi un philosophe aussi perspicace qu'Abélard a négligé l'aspect essentiel du problème, à savoir l'aspect temporel. J'ai suggéré qu'il s'était laissé entraîner par l'efficacité de ses outils logiques, au point de se persuader que le problème de la prescience n'était qu'un sophisme à résoudre. Quoiqu'il en soit, Abélard ne fut pas le seul à manifester un tel enthousiasme à l'égard de la logique. On peut bien conclure (c'est de fait l'opinion que j'ai développée lorsque j'ai étudié les textes pour la première fois) que ce fut Abélard qui inspira ses contemporains et les maîtres de la deuxième moitié du douzième siècle, et qu'il faut donc parler, en ce qui concerne le problème de la prescience, d'une « époque abélardienne ». Il est exact que l'enseignement d'Abélard (plutôt que ses livres, qui n'ont jamais bénéficié d'une grande diffusion) a influencé presque tous les théologiens, qui à l'époque ont essayé de répondre d'une façon argumentée à des questions telles que celles de la prescience divine ou des futurs contingents. Il est plus prudent, cependant, de supposer qu'il ait existé, chez les maîtres des années 1120-1220, une tendance assez commune, probablement encouragée par la réputation d'Abélard, à envisager le problème de la prescience comme une difficulté qui pouvait être assez facilement soluble en recourant à l'analyse logique. (On ne doit pas non plus oublier l'influence des œuvres d'Anselme de Cantorbéry : Anselme ne se vantait pas, comme Abélard, de son habileté dans l'art de la logique, mais il était néanmoins un logicien tout aussi doué que lui[1]). Le cas de Guillaume de Conches, qui écrivit son commentaire sur la *Consolation* quasiment dans les mêmes années que celles où fut rédigée la *Logica*, indique que, déjà en 1120, cette analyse sophismatique était commune à plusieurs penseurs[2].

De plus, si l'on examine les exposés doctrinaux des années 1140 ou suivantes, on constate qu'ils se présentent sous une forme beaucoup plus complexe. Tandis qu'Abélard se focalisait sur l'aspect logique du problème précis de la *prescience* divine, et faisait face à la seule question de sa compatibilité avec la liberté humaine, ces théologiens analysèrent toute une constellation de problèmes liés à la question de Dieu et sa science. Ainsi, dans les *Sentences* de Pierre Lombard (voir ci-dessous, § 2), les chapitres 173-174 du premier livre (Distinction 38) considèrent les questions de savoir si la prescience de Dieu est la cause des choses et si sa prescience peut se tromper ; les chapitres 175-178 (Distinction 39) discutent des autres aspects de la science divine – par exemple, si cette science est immuable et si Dieu peut connaître plus qu'il ne connaît. On aurait donc tort de juger que ces théologiens, comme Abélard, sont restés totalement dans le cadre d'une solution sophismatique : cette « solution » n'est pour eux qu'un élément dans une structure doctrinale plus large : mais cette structure plus étendue ne porte pas en son entier sur le problème de la prescience lui-même, tel que nous l'avons défini.

Ce chapitre n'a pas pour but de présenter une *histoire* des discussions du problème de la prescience pendant les cent quarante ans qui séparent Thomas d'Aquin d'Abélard, un travail qui exigerait de très nombreuses pages et une investigation des sources

---

1. Voir *infra*, § 3, pour un exemple de l'utilisation d'une analyse logique anselmienne.

2. Par contre, plusieurs théologiens choisirent de ne pas adopter une analyse philosophique du problème – parmi eux on citera le contemporain d'Abélard, Hugues de St Victor, dans sa somme *De sacramentis*, I, II, 14-18 (*Patrologia latina* 176, 211D-213A), voir la traduction et le commentaire de Dominique Poirel dans Bardout et Boulnois (2002), p. 91-95.

manuscrites : il n'offrira qu'un échantillon de ces discussions, et les conclusions seront pour cette raison loin d'être définitives. Après avoir étudié Guillaume de Conches, un contemporain d'Abélard, qui échappe d'une certaine mesure à la règle, on considérera différents théologiens réputés des années 1150 à 1210, pour arriver à l'analyse des positions développées dans deux des sommes théologiques les plus influentes écrites à la faculté de théologie de l'université de Paris avant Thomas d'Aquin, celles de Guillaume d'Auxerre et des étudiants d'Alexandre de Halès. Quoique le thème principal des développements qui vont être analysés dans ce chapitre soit la tentative de résoudre le problème de la prescience en l'envisageant comme un sophisme, on remarque, comme en contrepoint inverse, deux autres thèmes. En premier lieu, les solutions sophismatiques du problème étant purement négatives, on a eu besoin d'une explication positive, même si elle restait assez vague. De façon générale, les théologiens ont eu recours à l'idée qu'Abélard avait emprunté au commentaire sur le *Peri hermeneias* de Boèce – si une chose était advenue autrement qu'elle n'est advenue, Dieu l'aurait prévue autrement ; et comme Abélard, ils ont dû considérer, même implicitement, les implications d'une telle conception pour leur conception des modalités. En deuxième lieu, on trouve parfois des indications montrant que les penseurs du douzième siècle se sont rendus compte, même si c'est seulement de façon épisodique, de l'aspect temporel du problème. Dans les écrits du treizième siècle, cet élément commencera lentement – très lentement – à reprendre sa place.

§ 1. Guillaume de Conches

Les relations intellectuelles entre Abélard et Guillaume de Conches, grammairien célèbre et commentateur de textes platoniciens (Macrobe sur le *Songe de Scipion*, la *Consolation* de Boèce, le *Timée* de Platon lui-même), ne sont pas faciles à évaluer. On date les commentaires sur Macrobe et Boèce des années 1120 environ, et le commentaire sur le *Timée* de l'année 1125 ou un peu plus tard[1]. Il est possible, mais loin d'être certain, que dans la *Theologia Christiana* (c. 1125-6) Abélard ait subi l'influence de la méthode exégétique de Guillaume[2]; et la discussion de la prescience dans le commentaire sur la *Consolation* indique vraisemblablement une influence abélardienne sur Guillaume.

Du fait qu'il abordait le problème de la prescience en tant que commentateur de la *Consolation*, Guillaume ne pouvait pas, à la différence d'Abélard et de nombreux penseurs de l'époque, négliger l'aspect temporel. En effet, dans son ensemble, l'interprétation de Guillaume suit très largement la pensée de Boèce telle que je l'ai exposée au chapitre II (en opposition donc avec les interprétations modernes). Guillaume croit – avec raison selon moi[3] – que Boèce (l'auteur) veut distinguer deux points qu'il importe de démontrer : (i) qu'il n'est pas vrai que toutes choses adviennent par nécessité, bien qu'elles soient prévues par Dieu[4] et (ii) que « le créateur peut avoir une connaissance sûre d'une chose qui est, par rapport à nous, soumise au changement, et incertaine »[5], et que c'est au milieu de la prose 4 (V. 4,21) que débute la réponse à (ii), au moment où la Philosophie commence son explication du principe des modes de la connaissance[6]. De plus, Guillaume comprend bien que c'est sur ce principe que se fonde l'argumentation de Boèce – le concept d'éternité divine ne pouvait être laissé de côté par ce glosateur consciencieux –, mais il se rend compte que son rôle dans le raisonnement est tributaire de celui du principe, dont il met en lumière l'importance par anticipation, en l'explicitant tout au début de la discussion[7].

---

1. Voir Jeauneau dans Guillaume de Conches (1965), p. 10-16 et Nauta dans Guillaume de Conches (1999), p. XXIV-XXV. Pour une introduction générale à Guillaume et son contexte intellectuel, voir Gregory (1955), Jeauneau (1973) et Elford (1988).

2. Voir Marenbon (2004), p. 35-8.

3. Voir *supra*, chapitre II, § 2.

4. Cf. II.4.

5. Cf. II.5.

6. Guillaume de Conches (1999), p. 321 : 181-4 : « Probato quod non omnia contingunt ex necessitate, quamuis prouideantur a deo, incipit ostendere qualiter de re mutabili et nobis incerta a creatore certa possit haberi cognitio ».

7. Guillaume de Conches (1999), p. 303 : 93-305 : 125, et cf. aussi p. 314 : 10-12 : « Istis respondet Philosophia ostendendo quod possunt res aliter prouideri quam sint,

Quand il arrive au passage sur les deux nécessités, Guillaume croit – toujours avec raison, selon moi – que Boèce revient au point (i)[1]. Il répète cet argument :

1. Ce que Dieu prévoit, il est nécessaire que cela arrive
2. Dieu prévoit toutes choses.

Donc

3. Il est nécessaire que toutes choses arrivent[2].

À ce point, cependant, il abandonne l'explication du texte boécien, pour essayer de résoudre le problème à la façon abélardienne – c'est à dire en révélant le caractère sophismatique de l'argument (1) – (3). Il envisage trois explications visant à montrer que (1) et (2) ne permettent pas de conclure (3). La première explication utilise la distinction de la portée des opérateurs modaux qu'Abélard expose dans la *Dialectica* et, plus clairement, dans la *Logica* (ouvrage quasi-contemporain du commentaire de Guillaume, mais qui se fonde sur un enseignement donné dans les années antérieures)[3]. (1) n'est vrai que si « nécessaire » s'applique à toute la proposition; mais, dans ce cas, (1) n'implique pas (3), puisque « nécessaire » ne s'y applique qu'à une partie de (1). Ainsi, Guillaume résout le sophisme sur lequel se fonde l'argument naïf contre la contingence (I. 1-6).

La deuxième explication est celle des philosophes qui acceptent que (3) soit déduite à partir de (1) et (2) mais qui soutiennent qu'il faut comprendre (3) avec la détermination « si Dieu prévoit [qu'elles arrivent] ». Guillaume n'accepte pas cette réponse, parce qu'elle interprète (3), la conclusion, comme identique à la proposition, (1). Guillaume préfère la troisième explication du problème, qu'il ne développe pas très clairement, mais qui semble fondée sur le principe qu'une argumentation de la forme (i) si p, q; (ii) p; donc

---

nec est falsa opinio, et quod non quia deus prouidet necesse est cuncta euenire »; voir aussi l'introduction de l'éditeur, p. LXV-LXVI.

1. Guillaume de Conches (1999), p. 347 : 202-206.
2. Guillaume de Conches (1999), p. 347 : 206-208 : « Quod deus prouidet, necesse est euenire; sed deus cuncta prouidet. Ergo necesse est cuncta euenire ».
3. Voir *supra*, chapitre III, § 0.

(iii) q, n'est valide que si la modalité de la conclusion (iii) est identique à celle de (ii)[1]. (ii) est une simple affirmation, et non une proposition nécessaire; donc elle n'implique pas, à partir de (i), (iii), parce que (iii) est nécessaire. Cette analyse est moins claire que la première, mais elle est également proche de celle d'Abélard: elle utilise en effet un terme technique (*syllogismus incisus*) qu'on rencontre dans la *Logica* d'Abélard[2]. Toutefois, on ne peut pas dire avec certitude que Guillaume connaissait les idées d'Abélard lorsqu'il glosait ce passage, bien que cela soit possible.

§ 2. LES THÉOLOGIENS DES ANNÉES 1150-1210

Les *Sentences* de Pierre Lombard, achevées dans leur version finale vers 1157, furent sans aucun doute la somme de théologie la plus répandue du moyen âge. Dans le dernier quart du douzième siècle déjà, avant qu'elles ne soient instaurées, à côté de la Bible, comme le manuel des facultés de théologie, elles exercèrent une influence importante sur les débats doctrinaux[3]. Comme Abélard, le Lombard considère le problème de la prescience comme un sophisme, à résoudre en désambiguïsant les propositions. Il imagine un adversaire qui utilise comme prémisses deux principes, auxquels le Lombard ne peut pas se permettre de renoncer:

4. Quelque chose peut arriver autrement que Dieu ne l'a prévu.
   (Principe de la contingence)

---

1. Guillaume de Conches (1999), p. 348: 222-349: 231: «Nos aliud dicimus, scilicet quosdam sillogismos esse incisos, quosdam non. Et est incisus sillogismus qui habet in parte modalem propositionem, in assumptione uero simplicem; non-incisus uel ex omnibus simplicibus uel ex omnibus modalibus. Et dicitur incisus, quia, cum una sit in propositione, diuiditur, et est pars in assumptione, pars in conclusione. Et sicut est simplex in propositione, ita simplex debet esse in conclusione, ut sic sit: Quod deus prouidet, necesse est euenire; sed hoc prouidet. Ergo eueniet. Concludendum est non "necesse est euenire"...». Lodi Nauta présente une analyse de ce passage nuancée et précise: voir Guillaume de Conches (1999), p. LXVII-LXX.

2. Abélard utilise le terme «incisus» dans le commentaire sur le *Peri hermeneias* de la *Logica* (§ 12.15): pour sa dérivation, voir Abélard (1958), p. 10, n. 3 et Guillaume de Conches (1999), p. 348, note à l. 222 et p. LXIX.

3. Colish (1994) fournit une étude ample de la vie et la doctrine de Pierre Lombard.

5. En fait, toutes les choses arrivent comme Dieu l'a prévu. (Définition du savoir)

L'adversaire utilise comme exemple un événement E, et il suppose que E est en fait l'événement qui advient. On peut donc inférer de (5) que :

6. Dieu a prévu que E.

et on peut inférer de (4) :

7. Il se peut que $\sim E$ [1].

Le Lombard répond en observant que des expressions comme (4) sont ambiguës. On peut les interpréter soit de manière composée, comme :

8. Ces deux choses peuvent exister ensemble : que Dieu ait prévu que de tels événements arrivent, et qu'ils arrivent autrement [2] ;

soit de manière disjointe, comme :

9. Un événement E, prévu par Dieu comme E, peut advenir autrement (c'est-à-dire : $\sim E$ peut advenir) [3].

(8), dit le Lombard, est fausse, (9) est vraie [4]. Il ne donne pas d'autre explication, probablement parce qu'il juge évident que (9) est compatible avec (5). On remarque tout de suite la parenté entre ce raisonnement et celui d'Abélard. Il faut observer en outre que Pierre Lombard est peut-être moins dialecticien qu'il ne semble. La « contradiction » entre (6) et (7), que son adversaire imaginaire

---

1. *Sententiae* I, d. 38, cap. 2 (Pierre Lombard, 1971, p. 279 : 6-10 (§ 174)) : « Aut aliter potest fieri quam Deus praesciuit, aut non aliter. Si non aliter, ergo necessario cuncta eueniunt ; si uero aliter, potest igitur Dei praescientia falli uel mutari. Sed potest aliter fieri, quia potest aliter fieri quam fit ; ita autem fit ut praescitum est ; aliter ergo potest fieri quam praescitum est ».

2. Pierre utilise la négation de cette proposition, qu'il déclare donc être vraie.

3. Pierre utilise la négation de cette proposition, qu'il déclare donc être fausse.

4. *Sententiae* I, d. 38, cap. 2 (Pierre Lombard, 1971, p. 279 : 11-20 (§ 174)) : « ... dicimus illam locutionem multiplicem facere intelligentiam, scilicet "aliter potest fieri quam Deus praesciuit" et huiusmodi... Possunt enim haec coniunctim intelligi, ut conditio sit implicita, et disiunctim. Si enim ita intelligas : "Non potest aliter fieri quam Deus praesciuit", id est non potest utrumque simul esse, scilicet quod Deus praesciuerit ita fieri et aliter fiat, uerum intelligis. Si autem per disiunctionem intelligas, ut dicas hoc aliter non posse euenire quam euenit, quo modo Deus futurum praesciuit, falsum est ».

dérive des principes (4) et (5), n'est en rien une contradiction. Il n'y a pas davantage contradiction si l'on infère : Dieu a prévu que E, donc E. Par contre, c'est précisément la compatibilité entre (7) et (6) (et (7) et E) qui explique pourquoi le problème de la prescience ne doit pas inquiéter les théologiens – pourvu qu'ils ignorent l'aspect temporel, et qu'ils acceptent les implications de cette compatibilité en ce qui concerne la nature de la modalité !

On peut parcourir plus rapidement quelques autres textes théologiques de l'époque, qui utilisent des arguments analogues. Roland de Bologne fut l'auteur d'une somme sur la loi canonique mais aussi d'un livre de *Sentences*, et il fut, parmi les théologiens des années 1140 et 1150, un de ceux qui connaissaient bien la doctrine d'Abélard, même s'il n'hésita pas à critiquer ses positions sur, par exemple, la toute-puissance divine[1]. Roland emploie la distinction entre sens composé et sens divisé en analysant une proposition de la forme : « Si E n'était pas arrivé, la prescience de Dieu que E aurait été fausse » (où « E » désigne ce qui est arrivé en fait). Elle est vraie au sens composé, fausse au sens divisé[2].

Si l'on rapproche Roland de l'école d'Abélard, Alain de Lille, auteur célèbre d'un prosimetrum, le *De planctu naturae*, et d'un poème allégorique, l'*Anticlaudianus*, mais également écrivain prolifique d'œuvres théologiques, fut quant à lui lié au courant porrétain[3]. Sa somme *Quoniam homines*, témoin de l'influence des *Sentences* de Pierre Lombard, date environ de 1160. Dans les paragraphes qu'il consacre à la prescience, Alain ne discute pas de sa compatibilité avec les futurs contingents[4]. Dans la section qui

---

1. Voir Boh (1985), p. 186-193. On ne l'identifie plus avec Rolandus Bandinelli, qui devint le Pape Alexandre III : voir Noonan (1977).

2. Roland (1891), p. 77 : 24-78 : 2 : « Juxta hunc sensum auctoritatem Augustini credimus interpretandam : "si non essent filii reducti", id est, si Deus semper reducendos preuidisset et non essent reducti, "falsa foret omnimodo prescientia de filiis adducendis" ». Je crois en plus qu'il soit vraisemblable que la phrase précédente doit être lu, « Est igitur impossibile, quod Deus presciat aliquid futurum, quod non sit euenturum, cum prescit, ut sit coniunctio et non diuisio » où on lit dans l'édition de Gietl « sit comprehensio et non diuisio ».

3. Pour la vie et œuvres d'Alain, voir Alain de Lille (1965), Introduction ; pour la datation de la Somme, voir Alain de Lille (1953), p. 115-116.

4. Alain de Lille (1953), § 101-106.

suit, sur la prédestination, Alain examine cependant la proposition :
« Si quelqu'un est prédestiné, il est nécessaire qu'il soit sauvé ». Il
explique, sur un mode très proche de l'analyse sophismatique des
propositions sur la prescience, que cette conséquence n'est pas
admissible à cause du « sophisme de la composition et la division » :
tandis que « nécessairement : si quelqu'un est prédestiné, il sera
sauvé » (où l'opérateur modal a une portée large) est vraie, il ne suit
pas que la proposition « il est nécessaire qu'il soit sauvé »(où
l'opérateur a une portée étroite), est vraie [1]. Bien qu'on discute ici de
la prédestination, le problème fondamental (réconcilier la liberté
d'action humaine avec ce que Dieu a connu ou décrété), comme la
solution, sont semblables.

Pierre de Poitiers, qui a achevé vers 1170 un important livre de
Sentences [2], a abordé directement le problème de la prescience, sous
la rubrique de la causalité et la prescience :

> On demande aussi si la prescience est la cause des choses futures,
> ou vice versa. Ils veulent démontrer que la prescience divine est la
> cause de l'advenue d'une chose, comme suit : Il est soit possible,
> soit impossible, que les choses n'arrivent pas, quand elles ont été
> prévues par Dieu. Si cela est possible, il est donc possible que la
> prescience de Dieu échoue. Si cela est impossible, il est impossible
> pour la même raison que les choses arrivent autrement qu'elles
> n'ont été prévues par Dieu. Mais elles sont prévues de cette façon :
> il est donc impossible que les choses arrivent autrement [3].

Pierre répond explicitement qu'il considère un tel raisonnement
comme fondé sur un sophisme :

> … il est facile de résoudre ces questions, si l'on réalise que les
> propositions que nous avons considérées renferment le sophisme

---

1. Alain de Lille (1953), § 111 : « … si aliquis est predestinatus, necesse est ipsum
saluari. Non sequitur; impedit enim fallacia compositionis et diuisionis. Cum enim
dicitur : « Si aliquis est predestinatus necesse est ipsum saluari necessitas est
consequenter dicti non consequentis; id est refertur ad totam consequentiam, non ad
partem consequentiae; in conclusione autem refertur ad consequens et ideo non
prouenit conclusio ». Voir aussi § 112, où Alain résolue également un autre problème
sur la prédestination et la nécessité en utilisant la même distinction.

2. Voir Pierre de Poitiers (1943), p. 6.

3. Pierre de Poitiers (1943), p. 122 : 112-9.

(*fallacia*) de la composition et la division[1]. Si l'on entend : « Il est impossible que les choses arrivent autrement qu'elles n'arrivent » selon le sens composé, elle veut dire : « Il est impossible qu'on ait ensemble ces deux propositions : « les choses arrivent de cette façon et elles ont été prévues autrement », et elle est vraie. Si on l'entend selon le sens divisé – « Les choses sont prévues de cette façon, et il est impossible qu'elles arrivent autrement » – elle est fausse[2].

Pour finir, regardons une œuvre du début du treizième siècle, peut-être le premier témoin d'une forme littéraire qui deviendra l'une des plus répandues dans les universités : le commentaire sur les *Sentences* de Pierre Lombard par Étienne Langton[3]. Tandis que Pierre n'est pas toujours très perspicace dans ses analyses, Étienne est concis et précis. Selon Étienne, la phrase « Il est impossible que cette chose, puisqu'elle est prévue, n'advienne pas dans le futur » est vraie *de dicto*[4]. (Remarquons que, quoiqu'il vienne de mentionner, comme Pierre, la distinction entre sens composé et sens divisé, il utilise ici la division analogue entre interprétations *de re* et *de dicto*.)

En plus de l'analyse négative sophismatique, les théologiens proposent une explication positive, dont l'idée centrale est résumée comme suit par Pierre Lombard :

> Il se peut assurément que quelque chose n'arrive pas, et il est pourtant prévu que ce quelque chose arrive. La prescience de Dieu ne peut pas en conséquence se tromper, parce que, si ce quelque chose n'arrivait pas, il n'aurait pas été prévu par Dieu[5].

---

1. Dans les *Réfutations sophistiques*, un texte favorisé par les logiciens des années 1135-1200, Aristote (166a23-37) catégorise une espèce des sophismes comme ceux qui se fondent sur la composition et la division. Comme exemple de l'ambiguïté fondée sur la composition, il donne la phrase « Un homme peut marcher quand il s'est assis et écrire quand il n'écrit pas ».

2. Pierre de Poitiers (1943), p. 123 : 138-45.

3. Voir Étienne Langton (1952), p. xxxvii-viii. Pour Étienne Langton, voir Baldwin (1970), I, p. 19-25.

4. Étienne Langton (1952), p. 53 : « Solutio : Inpossibile est hoc, cum sit prescitum, non fuisse futurum, de dicto... ».

5. *Sententiae* I, d. 38, cap. 2 (Pierre Lombard, 1971, p. 279 : 3-5 (§ 174)) : « Potest equidem non fieri aliquid, et illud tamen praescitum est fieri ; non ideo tamen potest falli Dei praescientia, quia si illud non fieret, nec a Deo praescitum esset fieri ».

C'est bien l'idée proposée par Boèce dans son commentaire sur le *Peri hermeneias*, et reprise par Abélard. Pierre de Poitiers raisonne de la même façon :

> D'ailleurs, il est possible que les choses arrivent autrement qu'elles n'arrivent, mais, si elles arrivent autrement, c'est qu'elles ont été prévues autrement. Il est donc possible que les choses arrivent autrement qu'elles n'aient été prévues[1].

Nous avons déjà vu comment, dans la *Dialectica*, Pierre Abélard a suivi le chemin suggéré par cette conception boécienne, pour envisager momentanément les possibilités alternatives synchroniques. Pierre Lombard est poussé vers une position analogue, mais à partir d'un argument qu'Abélard aurait jugé inadmissible (c'est peut-être précisément parce qu'il jugea un tel argument inadmissible, qu'il décida d'abandonner cette idée en discutant, quelques années plus tard, le problème de la prescience dans la *Logica*). Le Lombard imagine un adversaire qui dit « Si Dieu peut connaître ou prévoir quelque chose qu'il n'a jamais connu ou prévu, il peut en conséquence commencer à connaître ou prévoir quelque chose (qu'il ne connaissait pas ou ne prévoyait pas auparavant)[2]. » Pierre répond :

> Dieu peut en effet connaître ou prévoir tout ce qu'il peut faire, et il peut faire ce qui n'existera jamais. En conséquence, il *peut* connaître ou prévoir une chose qui jamais n'existera, n'existe, n'a existé. En revanche, il ne la connaît pas, ni ne l'a connue, il ne la prévoit pas, ni ne l'a prévue, parce que la science ne porte que sur les choses qui existent, ou ont existé ou existeront, et la prescience ne porte que sur les choses qui vont exister[3].

---

1. Pierre de Poitiers (1943), p. 123 : 120-2 : « ... possibile est res aliter euenire quam eueniant, sed si aliter eueniunt, aliter prescite sunt; ergo possibile est res aliter euenire quam prescite sint ».

2. *Sententiae* I, d. 39, cap. 2 (Pierre Lombard, 1971, p. 281 : 22-4 (§ 176)) : « Si Deus potest aliquid scire uel praescire quod nunquam sciuit nec praesciuit, potest ergo ex tempore aliquid scire uel praescire ».

3. *Sententiae* I, d. 39, cap. 2 (Pierre Lombard, 1971, p. 281 : 25-9 (§ 176)) : « Potest quidem Deus scire uel praescire omne quod potest facere, et potest facere quod numquam fiet; potest igitur scire uel praescire quod nunquam fiet, nec est, nec fuit. Nec illud scit uel sciuit, neque praescit uel praesciuit, quia scentia eius non est nisi de his quae sunt uel fuerunt uel erunt; et praescientia non est nisi de futuris ».

(Abélard, qui soutenait que Dieu peut faire seulement ce qu'il fait[1], n'aurait pas admis que Dieu «peut faire ce qui n'existera jamais» et aurait pu rejeter la conséquence qu'il peut connaître une chose qui n'existera jamais.) La réponse du Lombard consiste à rejeter la formulation temporelle de l'adversaire en faveur d'une formulation qui se rapproche de la conception des providences alternatives. Le Lombard ne veut pas, cependant, accepter l'idée des providences alternatives, et il préfère de parler, d'une manière tout à fait abélardienne, de la capacité de Dieu :

> Si tu disais que Dieu peut maintenant connaître ou prévoir une chose qu'il n'a pas connue ou prévue de toute éternité, c'est-à-dire de sorte qu'il ne l'aura pas connu ou prévue de toute éternité, comme si toutes deux pouvaient être vraies en même temps, tu aurais tort. Si tu disais en revanche que Dieu peut maintenant connaître ou prévoir une chose qu'il n'a pas connue ou prévue de toute éternité, c'est-à-dire qu'il a le pouvoir de connaître et de prévoir de toute éternité et maintenant quelque chose, et que cette chose n'est cependant ni prévue ni à venir, tu aurais raison[2].

Pierre rejette alors :

10. La proposition suivante est possible : en t_1 Dieu ne prévoyait pas E, et en t_2 il prévoit E.

Mais il admet :

11. En t_2 Dieu peut prévoir E, et Dieu ne prévoyait pas E en t_1, ni le prévoit en t_2, et E n'arrive pas.

(et il évite une formulation de (11) qui suggérerait l'idée des *possibilités* alternatives, telle que :

12. Il est possible que Dieu prévoie E en t_2, et Dieu ne prévoyait pas E en t_1, ni ne le prévoit en t_2, et E n'arrive pas).

---

1. Voir *supra*, chapitre III, p. 74, n. 1.
2. *Sententiae* I, d. 39, cap. 2 (Pierre Lombard, 1971, p. 281 : 34-282 : 6 (§ 176)) : « Si enim dicas eum modo posse scire uel praescire quod ab aeterno non sciuit uel praesciit, id est ita quod ab aeterno non sciuerit uel praesciuerit, quasi utrumque simul esse possit, falsum est. Si uero dicis eum modo posse scire uel praescire quod ab aeterno non sciuit uel praesciuit, id est habere potentiam sciendi et praesciendi ab aeterno et modo aliquid, nec illud tamen praescitum est uel futurum, uerum est ».

J'ai dit que, comme Abélard, les théologiens de la deuxième moitié du douzième siècle ont négligé l'aspect temporel du problème de la prescience. Il faut cependant nuancer cette affirmation à certains égards. En premier lieu, on trouve dans les *Sentences* de Roland un passage fascinant, qui semble indiquer qu'au moins un penseur de l'époque avait conscience cet aspect :

> [Dieu] a prévu de toute éternité que je lirai aujourd'hui. Il est donc impossible qu'il ne prévoie pas que je lirai – ce qui est fait de toute éternité ne peut pas ne pas être... Il est impossible que ce qui a été fait n'ait jamais été fait. De même, il est impossible que ce qui a été prévu de toute éternité n'ait pas été prévu... [1].

Roland semble avoir connaissance d'une conception de la nécessité accidentelle, fondée sur l'inaltérabilité du passé. C'est précisément cette conception qui explique l'importance de l'aspect temporel – elle est à la base de la prémisse essentielle (I. 11) de l'argument auquel elle a donné son nom. Malheureusement, Roland n'a pas réalisé l'importance de cette observation : la réponse qu'il donne (voir ci-dessus) vise seulement l'argument naïf contre la contingence.

En deuxième lieu, Pierre de Poitiers semble, lui aussi, en un point de sa discussion, avoir compris la nécessité accidentelle. Il dit en effet :

> Si Dieu a prévu quelque chose, elle arrivera. Il est nécessaire que Dieu l'ait prévue. Il est donc nécessaire qu'elle arrivera.

La réponse indique clairement que Pierre juge le fait que Dieu a prévu la chose comme nécessaire parce qu'il s'agit du passé (et qu'il a donc formulé les propositions clefs de l'argument de la nécessité accidentelle) :

---

1. Roland (1891), p. 76 : 3-13 : « Ab eterno presciuit me hodie lecturum ; ergo impossibile est, quin presciuerit me lecturum ; quod enim ab eterno factum est, amplius non potest non fieri... Quod factum est, impossibile est numquam factum fuisse. Sic et quod ab eterno prescitum est, impossibile est non esse prescitum... ».

On résout cette question en rejetant l'assomption, car il n'est pas nécessaire que Dieu ait prévu cette chose, quoiqu'il s'agisse du passé, puisque son advenue se rapporte au futur[1].

De fait, cette solution est frappante, parce qu'elle ressemble à la réponse que Guillaume d'Ockham apportera à l'argument de la nécessité accidentelle, dont on croyait qu'elle n'avait pas été inventée avant le quatorzième siècle[2].

En troisième lieu, bien que les penseurs de cette époque n'analysent pas – à quelques exceptions près – l'aspect temporel du problème de la prescience, on peut trouver dans certains ouvrages des discussions sur l'éternité divine (sans rapport avec la question de la prescience). Par exemple, dans une section de la Summa *Quoniam homines* (celle sur Dieu et les catégories aristotéliciennes) différente de celle où il examine la prescience et prédestination, Alain de Lille offre une analyse complexe des relations entre Dieu et le temps[3]. Il y distingue la sempiternité du monde de l'éternité divine, sans pour autant proposer que Dieu soit atemporel au sens actuel de l'expression. Ses idées sont donc proches de celles de Boèce (selon mon interprétation), mais on sent aussi l'influence d'Anselme[4]. On est ainsi déçu de constater qu'Alain ne semble nullement penser à cette discussion (et à ses lectures boéciennes) quand il considère le problème de la prescience.

---

1. Pierre de Poitiers (1943), p. 125 : 186-91 : « ... si Deus aliquid presciuit, illud eueniet; necesse est hoc Deum presciuisse; ergo necesse est hoc euenire. Et hoc soluendum per interemptionem assumptionis; non enim est necesse Deum hoc presciuisse, licet hoc sit de preterito, quia eius euentus spectat ad futurum ».

2. Voir le *Tractatus de praedestinatione et de praescientia diuina* de Guillaume d'Ockham (Guillaume d'Ockham, 1978, p. 505-539), particulièrement p. 515 : 212-216 : « Aliquae sunt propositiones de praesenti tantum secundum uocem et sunt aequiualenter de futuro, quia earum ueritas dependet ex ueritate propositionum de futuro; et in talibus non est ista regula uera quod omnis propositio uera de praesenti habet aliquam de praeterito necessariam ». Voir Plantinga (1986).

3. Alain de Lille (1953), § 25-6.

4. Voir Marenbon (2003c), p. 54-5 pour une esquisse de la doctrine anselmienne de l'éternité.

§ 3. GUILLAUME D'AUXERRE ET LA *SUMMA FRATRIS ALEXANDRI*

On peut mesurer la prise de conscience progressive, dans les décennies précédant l'enseignement de l'Aquinate, de l'aspect temporel de la prescience en analysant et en comparant entre eux les traitements du problème dans deux *Summae* importantes des années 1220-50. Guillaume d'Auxerre, qui est mort en 1231, enseignait à Paris probablement dès 1206-1209. Il n'a rédigé qu'un seul grand ouvrage de théologie, sa *Summa aurea*, dont la rédaction définitive des livres I et II date de 1226-1229[1]. La *Summa fratris Alexandri*, on s'accorde aujourd'hui, n'est pas un ouvrage écrit directement par la main d'Alexandre de Halès (c. 1185 – 1245), grand théologien séculier, devenu franciscain. La somme se fondait, cependant, sur son enseignement, et – en ce qui concerne les livres I – III, qui avaient été achevés avant 1245, sur la doctrine de Jean de la Rochelle[2].

L'analyse du problème (« Si la prescience de Dieu soumet les choses à la nécessité ») dans la *Summa aurea* se divise en deux parties[3]. Dans la première partie, Guillaume répond à trois objections basées sur l'immutabilité divine. La première objection est la plus forte[4] :

13. La prescience divine est infaillible et immuable. [Prémisse : doctrine chrétienne]
14. Dieu a prévu que X va être damné. [Prémisse : omniscience divine]
15. Il a donc prévu nécessairement que X va être damné. [13, 14 (?)]
16. X va nécessairement être damné[5]. [14, 15 (?)]

---

1. Voir Arnold (1995), p. 1-10.
2. Doucet (1947).
3. Tr. IX, cap. III, q. 5 ; Guillaume d'Auxerre (1980), p. 193 : 1-196 : 80.
4. Les deux autres sont : (B) Si Dieu prévoit immuablement que X sera damné, X n'est pas responsable de sa damnation ; (C) Si Dieu prévoit immuablement que X sera damné, il sera damné – il ne peut pas en être autrement. Guillaume répond à (B) en disant que « Dieu prévoit les choses telles quelles vont être – nécessaires si elles doivent être nécessaires, contingentes si elles doivent être contingentes » (Guillaume d'Auxerre, 1980, p. 194 : 44-6) – un thème boécien repris, comme on a vu, par Abélard. Il répond à (C) en distinguant entre un sens composé et un sens divisé, distinction parfaitement connue depuis l'époque d'Abélard.
5. Guillaume d'Auxerre, 1980, p. 193 : 5-8 : « Prescientia Dei infallibilis est et immutabilis ; ergo Deus infalliliter et immutabiliter preuidit istum esse dampnandum ;

L'implication de (16) par (14) et (15) a besoin d'être soutenue par un principe du transfert de la nécessité (I. 9); sans l'affirmation d'un tel principe, l'argument n'a pas de validité formelle. Cette absence exceptée, l'argument a une structure analogue de l'argument de la nécessité accidentelle : il essaie de déduire Lq de L($p \rightarrow q$) et Lp. Ce n'est pas cependant le même argument, parce qu'il se fonde sur l'immutabilité divine plutôt que sur l'inaltérabilité du passé. Guillaume commence sa réponse en exposant une solution à cette objection qu'il n'admet pas :

> Certains disent en réponse que cette expression : « Dieu a prévu immuablement celui-ci » a deux interprétations, parce que si la détermination « immuablement » détermine le verbe selon son rapport à la chose au nominatif?, elle est vraie, parce qu'il n'y a pas de mutabilité en Dieu; si elle le fait selon son rapport à la chose à l'accusatif, elle est fausse, parce qu'il y a de la mutabilité dans la chose prévue[1].

Ces penseurs distinguent donc entre :

17. Dieu-a-immuablement-prévu celui-ci

et :

18. Dieu a prévu-celui-ci-immuablement.

(17) est vraie, mais n'implique pas que la chose soit immuable; (18) est fausse. Guillaume objecte :

> Mais cette solution est nulle, parce que, de même qu'il ne se peut pas que Dieu prévoie maintenant quelque chose qu'il n'a pas prévu auparavant ou vice versa, il ne se peut pas qu'aucune chose soit maintenant prévue et qu'elle n'ait pas été prévue auparavant. L'immutabilité appartient donc à la chose en tant

---

ergo necessario preuidit istum esse dampnandum; ergo necessarium est istum esse damnandum ».

1. Guillaume d'Auxerre, 1980, p. 193 : 13-194 : 17 : « Ad hoc dicunt quidam quod hec est duplex : Deus immutabiliter preuidit hoc, quia si hec determinatio « immuta-biliter » determinet uerbum in comparatione ad rem nominatiui, uera est, quia in Deo nulla est mutatio; si in comparatione ad rem accusatiui, falsa est, quia in re preuisa mutabilitas est ».

qu'elle est prévue, car il faut que la prévision y soit contenue, puisque l'adverbe détermine le verbe[1].

Les penseurs critiqués par Guillaume avaient analysé l'immutabilité de la même façon qu'Abélard et d'autres avaient discuté de la possibilité et de la nécessité en les rapportant aux personnes et aux choses. Guillaume insiste pour que l'on considère l'immutabilité dans la perspective des états de choses – perspective selon laquelle tout ce que Dieu prévoit immuablement est lui-même immuablement prévu par Dieu. Néanmoins, il ne se sent pas obligé d'accepter l'argument (13)-(16), parce qu'il rejette l'inférence de (15) à partir de (13) et (14); comme il l'explique : « tout ce qui est nécessaire est immuable, mais l'inverse n'est pas vrai ».

Guillaume avait-il raison? Les auteurs de la *Summa fratris Alexandri* n'en étaient pas convaincus. Ils écrivent :

> Mais, parce que ces opinions semblent conduire à des erreurs quant à la foi, il faut considérer d'abord l'objection sophistique qu'ils lancent contre ceux qui résolvent le sophisme que nous avons mentionné : « Dieu prévoit immuablement celui-ci, à savoir que cet homme doit être damné ». Car ils ne veulent pas dire que la mutabilité est dérivée de la chose en tant que la chose est prévue, mais seulement en tant qu'elle est une chose qui adviendra dans le futur. Et le verbe « prévoir » exige cette interprétation, si on l'explique selon Anselme comme *uidere futurum* (« voir le futur ») et on complète le sens en *uidere futurum esse* (« voir que [quelque chose] adviendra dans le futur »). Or, si l'on disait explicitement, « Dieu voit ou sait immuablement que ceci est ou sera dans le futur », personne ne douterait qu'il faille désambiguïser l'expression : car l'adverbe « immuablement » peut qualifier le verbe « voir » et, dans ce cas, la proposition est vraie; ou il peut qualifier le verbe « est ou sera », et dans ce cas, la proposition est fausse, parce qu'on désigne ainsi l'immutabilité comme celle de la chose future, non pas comme celle de celui qui la voit. Quand on dit « prévoir ceci », le tout est inclus, c'est-à-dire « prévoir que ceci

---

1. Guillaume d'Auxerre, 1980, p. 194 : 18-22 : « Sed hec solutio nulla est, quia sicut non potest esse quod Deus modo preuideat aliquid quod prius non preuidit uel e conuerso, ita non potest esse quod aliqua res sit modo preuisa et prius non fuerit preuisa, et ita immutabilitas est ex parte rei in quantum preuisa est; preuisionem enim oportet ibi contineri quia aduerbium determinat uerbum ».

sera dans le futur ou que ceci sera». L'argument qui s'oppose à cette solution est donc sophistique[1].

Les disciples d'Alexandre ne se rendent pas compte de la force de l'argument de Guillaume. Selon eux, il s'agit d'une proposition à désambiguïser telle que :

19. Dieu prévoit doucement ceci = Dieu voit ou sait doucement que ceci est ou que ceci sera dans le futur.

Personne ne doute que (19) peut bien être vraie si c'est la manière dont Dieu voit ou sait qui est qualifiée de douce, et fausse si «douce» qualifie la manière dont la chose existera. En revanche, comme Guillaume lui-même l'explique, affirmer que Dieu prévoit «immuablement» *veut dire* que «il ne se peut pas que Dieu prévoie maintenant quelque chose qu'il n'a pas auparavant prévu», et, dans ce cas – pour tous ceux qui n'admettent pas les modalités abélardiennes fondées sur «possibility *for*», il ne se peut pas qu'aucune chose soit maintenant prévue et qu'elle n'ait pas été prévue auparavant.

La *Summa fratris Alexandri* n'accepte pas non plus la solution que Guillaume veut proposer. Les auteurs raisonnent contre Guillaume de la façon suivante :

20. Une vérité contingente peut être et ne pas être. [Prémisse : définition de la contingence]
21. Rien de ce qui est immuable peut être et ne pas être. [Prémisse : définition de l'immutabilité]

---

1. I, inq. 1, tr. V, sec. II, q. 1 («Alexandre de Halès», 1924, p. 273b): «Sed istae sententiae quia uidentur inducere non sanam fidei confessionem, ideo attendendum est primo quod sophistice obicitur contra soluentes praedictum sophisma «Deus immutabiliter praeuidet hoc, scilicet istum esse damnandum». Nam illorum intentio non est dicere quod mutabilitas sit ex parte rei in quantum praeuisa est, sed solum in quantum futura est. Et hoc importat ipsum uerbum «praeuidere» si resoluatur secundum Anselmum, scilicet «uidere futurum», et si compleatur sensus «uidetur futurum esse». Si autem sic explicite diceretur: «Deus immutabiliter uidet uel scit esse uel fore futurum illud», nullus dubitaret distinguendam esse locutionem: nam hoc aduerbium «immutabiliter» posset ferri ad hoc uerbum «uidere», et hoc modo uera; uel ad hoc uerbum «esse uel fore», et hoc modo falsa, quia sic designatur immutabilitas ex parte rei futurae, non ex parte uidentis. In hoc autem quod dicere «praeuidere hoc» totum includitur, scilicet «uidere futurum esse uel fore». Sophistice igitur est contra dictam solutionem oppositio».

22. Une vérité contingente ne peut pas être une vérité immuable. [20, 21]
23. Toute vérité contingente est muable. [22]
24. Aucune vérité immuable n'est contingente. [23]
25. Toute vérité est nécessaire ou contingente. [Prémisse : définitions de « nécessaire » et de « contingent »]
26. Si c'est une vérité immuable, elle est nécessaire. [24, 25] [1].

On peut trouver aussi à redire à cette objection, mais il semble ici qu'une différence profonde entre deux conceptions de la modalité est à la base du différend entre Guillaume et les sectateurs d'Alexandre. Ceux qui conceptualisent la modalité en termes de mondes possibles n'admettent pas (24) : selon cette conception, Dieu a pu créer au début des temps quelque chose d'absolument immuable, qui serait néanmoins contingent, parce que Dieu aurait pu ne pas l'avoir créé.

Cette dispute entre Guillaume et les auteurs de la *Summa fratris Alexandri* reste en grande partie dans le cadre des discussions « sophismatiques » sur la prescience, dans la tradition abélardienne. Dans la deuxième section de son exposé, Guillaume analyse plusieurs objections : une d'entre elles est très significative, parce qu'elle se rapproche de l'argument de la nécessité accidentelle :

> Si un homme a connu quelque chose, il est nécessaire qu'il l'ait connue. Mais la science de Dieu est plus certaine que la science d'un homme. Il suit que, si Dieu a connu ou prévu quelque chose, il est nécessaire qu'il l'ait prévu, et que toutes choses arrivent donc par nécessité [2].

---

1. « Alexandre de Halès », 1924, p. 273b : « Item, quod secundo dicunt quod « non omne immutabile uerum est necessarium », hoc uidetur manifeste falsum. Nam contingens uerum non potest esse immutabile uerum : contingens enim ex eo est quod potest esse et non esse ; sed omne tale est mutabile ; omne ergo contingens uerum est uerum mutabile ; ergo si est immutabile uerum, non est uerum contingens. Cum ergo omne quod est uerum, est necessarium uel contingens, si est immutabile uerum, est necessarium ».

2. Guillaume d'Auxerre, 1980, p. 195 : 52-5 : « Si homo sciuit aliquid, necessarium est ipsum sciuisse illud ; sed certior est scientia Dei quam scientiam hominis ; ergo si Deus sciuit uel preuidit aliquid, necessarium est ipsum preuidisse illud, et ita omnia ex necessitate eueniunt ».

Quoiqu'il ne l'explique pas littéralement, il semble que
Guillaume raisonne ici en disant que les connaissances des hommes
ou de Dieu sont nécessaires quand, et parce que elles sont dans le
passé : « si un homme *a connu* quelque chose », « si Dieu *a connu* ou
prévu quelque chose ». Ce qui suit dans cette objection est une
version très abrégée de l'argument de la nécessite accidentelle. Dans
sa réponse, Guillaume pense peut-être aux éléments de la réponse de
la *Philosophie* dans la *Consolation* de Boèce, mais il ne présente pas
la théorie boécienne en son entier, et ce qu'il propose est loin d'être
convaincant :

> On ne peut pas faire de comparaison entre la science d'un homme
> et la science de Dieu, parce que la science d'un homme est produite
> par les choses qui posent leurs images dans son âme. Il est donc
> nécessaire qu'une chose produise la science d'elle-même dans son
> âme. Mais la science de Dieu n'est pas formée à partir des choses.
> Il voit plutôt par lui-même non seulement celles qui sont passées
> ou présentes, mais les choses futures contingentes. La science de
> Dieu est donc plus certaine que la science d'un homme en ce qui
> concerne son infaillibilité, mais non pas en ce qui concerne la
> fixation ou détermination d'une chose[1].

Mise à part leur critique de l'argument de Guillaume d'Auxerre,
les auteurs de la *Summa fratris Alexandri* donnent une présentation
très ample (en accord avec la conception monumentale de l'œuvre)
du problème de la prescience. La discussion la plus importante
se trouve au chapitre 4 de la question (I, Inq. 1, tr. V, sec. II) dédiée à
la science divine des futurs, où les auteurs essaient d'expliquer
comment la prescience divine n'impose pas de nécessité aux choses.
Parmi les six arguments auxquels les auteurs doivent répondre,
quatre (1, 2a et 2b et 4) ne sont que des formulations différentes de
l'argument naïf contre la contingence[2]. Les réponses démontrent

---

1. Guillaume d'Auxerre, 1980, p. 195 : 56-62 : «... non est simile de scientia
hominis et de scientia Dei, quia scientia hominis generatur a rebus que ponunt ymagines
suas in anima ; unde necessarium est res generasse scientiam sui in anima ; sed scientia
Dei non formatur a rebus, immo se ipso uidet non tantum preterita et presentia sed futura
contingentia. Est ergo certior Dei scientia quantum ad infallibilitatem, sed non quantum
ad rei fixionem uel determinationem ».

2. Les éditeurs ne distinguent que *cinq* objections, mais l'objection qu'ils ont
numérotée (2) comporte deux objections (« Item, quod Deus praescit... necessario

l'habileté des auteurs à utiliser les outils logiques qu'ils ont hérités d'Abélard et de ses contemporains. Comme Abélard et les philosophes modernes (mais non, selon moi, comme Boèce lui-même), les auteurs considèrent que la distinction boécienne entre nécessité simple et nécessité conditionnée sert à débusquer la nature sophistique de l'argument naïf contre la contingence[1]. Ils utilisent aussi la formulation de la réponse qui deviendra normale chez les théologiens universitaires : ils distinguent entre « la nécessité de la conséquence » et la « nécessité du conséquent », et ils expliquent que celle-là n'entraîne pas celle-ci[2].

L'objection 3, cependant, présente un argument proche de l'argument de la nécessité accidentelle. L'objection 3 est la suivante :

> Si quelque chose suit quelque chose, si l'antécédent et nécessaire, le conséquent est également nécessaire[3]. Or cette conséquence est bonne : « Cette chose – n'importe quelle chose contingente – est prévue, donc elle sera »[4]. L'antécédent – que Dieu l'a prévue – est nécessaire, parce que toujours il a été vrai, il est vrai et il sera vrai de dire que Dieu l'a prévue », et il ne peut pas être faux[5]. » [à opposer à I. 11].

J'ai indiqué les propositions qui sont analogues à celles de l'argument de la nécessité accidentelle tel qu'il est formulé au

---

erit. » et « Item, Anselmus… futura », que je numérote (2a) et (2b). En conséquence, les éditeurs n'ont pas lié correctement les réponses aux objections auxquelles elles se rapportent. La réponse (numérotée par eux) 1 concerne l'objection 1 ; la réponse 2 concerne 2a ; la réponse 3 concerne 2b ; la réponse 4 concerne 3 ; la réponse 5 concerne 4 ; et, comme nous le verrons, à la cinquième objection il n'y a pas de réponse.

1. « Alexandre de Halès », 1924, p. 270b-Ad. 1.
2. « Alexandre de Halès », 1924, p. 270b-Ad. 1 : « Vel aliter : Est necessitas consequentis et necessitas consequentiae. Cum ergo dicitur : « si Deus praesciuit hoc, necessario eueniet », si necessitas referatur ad consequentiam, uera est ; haec enim consequentia necessaria est : « Deus praescit hoc, ergo hoc eueniet » : si autem necessitas feratur ad consequens, falsa est ».
3. Cf. I. 9.
4. Cf. I. 8, I. 10.
5. « Alexandre de Halès », 1924, p. 269a-3 : « … si aliquid sequitur ad aliud, si antecedens est necessarium, et consequens ; sed bene sequitur « hoc est praescitum, demonstrato aliquo contingente, ergo hoc erit » : antecedens est necessarium, scilicet Deum hoc praesciuisse, quia semper fuit et est et erit uerum dicere « Deus praesciuit hoc » et non potest esse falsum ».

premier chapitre. Évidemment, les auteurs n'explicitent pas toutes les phases de l'argument tel que les philosophes contemporains le formulent, mais il y a une différence plus profonde entre cet argument et celui de la nécessité accidentelle, qui concerne la prémisse I. 11 (de l'argument contemporain). Il semble que les auteurs n'expliquent pas la nécessité que Dieu a prévu la chose en se référant au fait que l'acte de prescience fut au passé, mais plutôt en se référant au fait qu'il s'agit d'une vérité, et que les vérités sont fixes et perpétuelles. Il s'agit donc de ce qu'on appelle le « fatalisme temporel ». Nous reviendrons à cet argument dans le chapitre suivant[1]. En revanche, l'objection 5 propose explicitement la nécessité du passé comme l'explication de la nécessité de la prescience divine :

> « Dieu a prévu cette chose » – n'importe quelle chose qu'il a prévue. Cette proposition est vraie et concerne le passé ; elle est en conséquence nécessaire. Il est donc nécessaire que cette chose ait été prévue[2].

Comment les disciples d'Alexandre répondent-ils à ces objections ? La réponse à la troisième objection ne semble pas comprendre la force du raisonnement. Les auteurs acceptent que « si l'antécédent et nécessaire, le conséquent est également nécessaire » mais ils insistent pour dire que l'antécédent n'est pas lui-même nécessaire. L'argument qu'ils donnent, cependant, ne vise pas la position proposée dans l'objection. C'est plutôt un argument (dérivant d'Anselme) contre ceux qui veulent inférer de la proposition « Dieu a prévu la chose qui va arriver » que la chose va nécessairement arriver, tandis qu'ils n'ont le droit que d'inférer : « nécessairement, ce qui va arriver va arriver »[3]. Il s'agit donc de

---

1. Voir *infra*, chapitre v, § 4a.
2. « Alexandre de Halès », 1924, p. 269b-5 : « ... « Deus praesciuit hoc », demonstrato aliquo praescito, haec propositio est de praeterito uera ; ergo est necessaria ; ergo necessarium est hoc esse praescitum... ». Dans la suite, on essaie d'achever l'objection en démontrant qu'en conséquence la chose est nécessaire.
3. « Alexandre de Halès », 1924, p. 270b-ad4 [en actualité, la réponse à 3] : « ... Nam secundum Anselmum : « Cum dicimus : « si Deus praescit futurum », non asserimus rem esse de necessitate futuram, sed rem futuram de necessitate esse futuram... Cum ergo dicitur « antecedens est necessarium », necessitas potest notari respectu eius quod dicitur « scitum »... et hoc modo uerum est hoc praescitum esse

l'argument naïf contre la contingence et d'une analyse qui fait la même distinction que les auteurs avaient déjà faite, bien plus clairement, dans leur réponse à l'objection 1. Quant à l'objection 5 – où la nécessité du passé est explicitement proposée : elle n'a simplement pas de réponse.

Dans le chapitre 6, où les auteurs essaient de démontrer l'infaillibilité de la prescience divine, il y a une objection qui, semble-t-il, les force à considérer l'aspect temporel du problème. Selon l'objection, la prescience divine se trompe, parce que Dieu connaît toutes choses – présentes, passées et futures – comme présentes. En conséquence, il connaît les choses passées et futures autrement qu'elles ne sont[1]. Les auteurs répondent à cette objection, qui dérive d'une conception boécienne, d'une façon boécienne[2], en citant le principe des modes du savoir. Ils effleurent l'idée d'éternité divine, mais il ne s'arrêtent pas pour l'expliquer : « Dieu connaît les choses passées, qui sont à la condition d'être passées, et les choses futures, qui sont à la condition d'être futures, mais il ne les connaît pas sous ces conditions, mais d'une façon éternelle et présente ».

On a l'impression que les disciples d'Alexandre étaient conscients de l'existence de l'argument de la nécessité accidentelle, mais qu'ils ne le comprenaient guère, et qu'ils étaient encore moins que Guillaume d'Auxerre capables de lui répondre. Ils connaissaient de plus la *Consolation* de Boèce, son principe des modes de la connaissance et même sa doctrine de l'éternité divine, mais ces

---

necessarium ; sed ex hoc non sequitur quod sit futurum necessario. Vel potest notari necessitas respectu eius quod dico « futurum »... sed hoc falsum... ».

1. « Alexandre de Halès », 1924, p. 271b-3 : « ... scit enim Deus praesentia, praeterita et futura, sed omnia scit ut praesentia ; sed praeterita secundum quod sunt praeterita non sunt praesentia, similiter nec futura ; ergo aliomodo scit res quam sint ; ergo fallitur praescientia ».

2. « Alexandre de Halès », 1924, p. 272b-ad 3 : « ... scit enim Deus res praeteritas quae sunt sub conditione praeteritionis et <res futuras quae sunt sub conditione> futuritionis, sed non scit sub iis conditionibus, sed aeternaliter et praesentialiter... "Deus scit res aliter quam sunt" : haec est duplex, quia haec determinatio "aliter" in duplici comparatione potest determinare uerbum. Si in comparatione ad scitum, falsa est ; si in comparatione ad scientem, uera. Quod enim comprehenditur est in comprehendente secundum modum ipsius, non secundum modum rei comprehensae ». J'ai ajouté : <res futuras quae sunt sub conditione> comme le sens du passage exige.

idées n'affectaient que très peu leur pensée. Ils préféraient rester dans le cadre de la solution « sophismatique » du problème de la prescience. S'ils avaient des inquiétudes quant à la capacité de ces solutions à répondre aux formulations temporelles du problème, ils les ont bien occultées.

THOMAS D'AQUIN

Il existe une idée reçue très claire concernant la solution proposée par Thomas d'Aquin au problème de la prescience. Thomas, dit-on, suit Boèce. Il est le défenseur le plus connu de la « solution boécienne »; en effet, selon certains, la « solution boécienne » est vraiment la solution de l'Aquinate, solution que Boèce n'avait fait qu'ébaucher[1]. Cette « solution boécienne / thomasienne » se compose, rappelle-t-on, de deux éléments principaux. En premier lieu, on remarque que ce n'est pas l'argument naïf, mais l'argument de la nécessité accidentelle, qui menace la contingence. L'argument de la nécessité conditionnelle se fonde sur l'hypothèse que Dieu *a déjà* prévu tout ce qu'il prévoit : que la prescience divine est un fait qui concerne le passé, et qu'elle est donc (accidentellement) nécessaire. En second lieu, on répond à cet argument en affirmant que Dieu est atemporel et, en conséquence, que la prescience divine n'est pas du tout un fait qui concerne le passé. Il n'est pas vrai que Dieu *a déjà prévu* ce qu'il prévoit. Il faut dire plutôt que Dieu prévoit tout selon un mode atemporel.

J'ai soutenu que Boèce n'a proposé ni l'un ni l'autre de ces éléments de solution, et qu'il s'est laissé tromper par l'argument naïf. Abélard et les penseurs du douzième siècle ont réussi à résoudre le sophisme sur lequel se base l'argument naïf, mais ils ont

1. Voir *supra*, chapitre II, § 6.

négligé presque totalement l'aspect temporel. Inversement, les théologiens des années 1230 et 1240 ont réalisé l'existence de l'argument de la nécessité accidentelle, sans arriver cependant à le réfuter de manière convaincante. Thomas d'Aquin, lui aussi, connaissait bien l'argument de la nécessité accidentelle, et il se croyait à même de le réfuter. Le premier élément de la « solution boécienne / thomasienne » – absente en fait du texte boécien – fait vraiment partie de la solution de l'Aquinate. En revanche, le deuxième est, à mon avis, aussi étranger à la pensée de l'Aquinate qu'à celle de Boèce. Thomas utilise plutôt deux idées essentielles de la véritable solution de Boèce : la doctrine que Dieu voit toutes choses comme présentes, et le principe des modes de la connaissance. Bien qu'il ait une compréhension de la logique plus sophistiquée, Thomas a ainsi proposé une solution beaucoup plus proche de celle du Boèce de l'histoire (qui s'oppose au « Boèce » de la solution boécienne) qu'on ne l'admis jusqu'ici. À cette interprétation s'oppose, il faut le reconnaître, à la fois la tradition thomiste et, au moins en apparence, certains passages des œuvres de Thomas lui-même. Je soutiendrai néanmoins qu'elle est la lecture qui s'impose, après un examen minutieux des textes.

Thomas d'Aquin étudia de près le problème de la prescience dans cinq ouvrages : son commentaire sur les *Sentences* de Pierre Lombard (1252-4, mais la redaction n'était pas encore achevée en 1256 ; *Sent.*), les questions disputées *De ueritate* (1256-9 ; *Ver.*), la *Somme contre les Gentils* I (1259-60 ; *SCG*) et la *Somme de théologie* I (1266-8 ; *ST*), les questions disputées *De malo*, q. 16 (1272 ; *Ma.*) et son commentaire sur le *Peri hermeneias* (1270-1271 ; *SPH*)[1]. Les développements sur notre problème que l'on

---

1. *Sent.* I d. 38 q. 1 a. 5 : « Utrum scientia Dei sit contingentium » ; *Ver.* q. 2 a. 12 : « Utrum Deus sciat singularia futura contingentia » ; *SCG* I, cap. 67 : « Quod Deus cognoscit singularia contingentia futura » ; *ST* I q. 14 a. 13 : « Videtur quod scientia Dei non sit futurorum contingentium » ; *Ma.* q. 16 a. 7 « Utrum Demones cognoscant futura » ; *SPH* Lib. I, lect. 14, p. 77 : 365 -78 : 436. En plus, on trouve des discussions plus rapides du problème dans *Quodlibet* 11, q. 3 (1256-9) et dans le *Compendium Theologiae* (*CT*) I. 133 (1265-7). J'utilise les éditions suivantes : *Sent.* Thomas d'Aquin (1856), *Ver.* Thomas d'Aquin (1975 etc.), *SCG* Thomas d'Aquin (1961), *ST* Thomas d'Aquin (1888), *Ma.* Thomas d'Aquin (1982), p. 445-699 ; *SPH* Thomas d'Aquin (1989), *Quodlibeta* Thomas d'Aquin (1996a), *CT* (Thomas d'Aquin, 1979). Pour la

trouve dans le commentaire sur les *Sentences*, le *De ueritate* et la *Somme de théologie* sont particulièrement proches parce qu'il s'agit de réponses directes, en forme de *quaestio*, à la question «Dieu connaît-il des futurs contingents?». Il est exact qu'on ne peut parler d'une évolution de la pensée de Thomas en ce qui concerne ce problème, parce qu'on trouve les grandes lignes de sa solution déjà dans le commentaire sur les *Sentences*. Si Thomas se contente donc de répéter la solution qu'il a trouvée au début de sa carrière, certains aspects de sa réponse sont cependant plus clairs dans une version que dans les autres.

§ 1. L'ANALYSE PAR THOMAS D'AQUIN DE LA « PRESCIENCE » DIVINE

Si on lit les réponses de l'Aquinate au problème de la prescience après avoir étudié les discussions du même problème qu'ont proposées les penseurs du douzième siècle ou de la première moitié du treizième siècle, on remarque un contraste frappant. Les théologiens de l'époque précédent celle de Thomas préféraient considérer le problème comme un sophisme, en négligeant son aspect temporel, et même ceux qui, comme Guillaume d'Auxerre et les auteurs de la *Summa fratris Alexandri*, étaient conscients de l'argument de la nécessité accidentelle, n'étaient pas capables d'avancer une contre-attaque efficace. À l'inverse, l'argument de la nécessité accidentelle est devenu pour Thomas l'objection de beaucoup la plus importante, et la réponse à cette objection a exigé autant d'espace que toutes les réponses aux autres objections rassemblées. La dimension temporelle gouverne toute sa pensée sur le problème, à tel point que les réponses à la plupart des objections se fondent sur une théorie du mode de connaissance divine éternelle[1]. Quelle est donc cette théorie?

On en trouve l'explication la plus détaillée dans le *De ueritate*. Ici (q. 2, a. 12), Thomas commence par éliminer trois manières

datation des œuvres de l'Aquinate, voir le catalogue de G. Emery dans Torrell (2002), p. 483-525 et 610-632.

1. Par exemple, des 12 réponses données par Thomas dans *Ver.*, q. 2, a. 12, il n'y a que trois (5, 11, 12) qui ne se basent nullement sur cette théorie.

d'affronter le problème qu'il juge inadmissibles : 1) Il y a ceux qui affirment « que Dieu ne connaît pas les futurs contingents » – or, dit Thomas, « cela est impossible, car, dans ce cas, Dieu n'exercerait pas de providence sur les choses humaines qui se produisent de façon contingente ». 2) Il y a à l'inverse certains autres qui « ont prétendu que Dieu possède la science de tous les futurs, mais que toutes les choses se produisent par nécessité, faute de quoi la science de Dieu se tromperait à leur sujet ». « Or », continue-t-il, « cela aussi est impossible, car ce serait la fin du libre-arbitre et il ne serait plus nécessaire de disputer. Il serait même injuste de distribuer peines ou récompenses en fonction des mérites puisque tout se ferait par nécessité ». On remarque que l'Aquinate, comme Boèce, est loin de partager la position de nombreux philosophes d'aujourd'hui, pour lesquels le déterminisme ne contrarie pas le libre-arbitre humain [1]. Il n'est pas vraiment étonnant que Thomas rejette ces deux approches. En revanche, on ne se serait pas attendu à ce qu'il rejette la troisième approche, selon lequel 3) Dieu connaît les événements futurs, qui restent néanmoins contingents.

Thomas dit effectivement qu'il est *impossible* à quiconque (y compris Dieu) de connaître les futurs contingents. On peut sans doute connaître « les choses nécessaires, même lorsqu'elles sont futures » – par exemple, les éclipses – mais « le contingent peut être empêché avant d'être amené à l'existence, car, à ce moment-là, il n'existe que dans ses causes et il peut arriver que celles-ci soient empêchées avant d'atteindre leur effet » : « le contingent, en tant qu'il est futur, ne peut être connu par aucune connaissance dans laquelle la fausseté ne peut s'introduire [2] ». Quand Dieu connaît les futurs contingents, ils ne sont pas futurs pour lui :

---

1. Voir *supra*, chapitre I.

2. *Ver.* q. 2 a. 12 : « Ex quo patet, quod contingens, ut futurum est, per nullam cognitionem cognosci potest, cui falsitas subesse non possit ; unde cum diuinae scientiae non subsit falsitas nec subesse possit, impossibile esset quod de contingentibus futuris scientiam haberet Deus, si cognosceret ea ut futura sunt ». J'utilise et adapte la traduction (anonyme) de cette question de *Ver.* disponible à http://docteurangelique.free.fr. Pour un commentaire détaillé et très intéressant de la q. 2 voir Thomas d'Aquin (1996b). L'impossibilité de connaître un contingent – quelque chose dont les causes ne déterminent pas sa façon d'exister par avance – comme futur est une thèse que l'on trouve dans tous les exposés de la question par Thomas. Dans le commentaire sur les

Mais une chose est connue comme future lorsqu'il y a entre la connaissance du connaissant et l'occurrence de la chose un rapport de passé à futur. Or, on ne peut trouver un tel rapport entre la connaissance divine et une chose contingente quelle qu'elle soit. Mais le rapport de la connaissance divine à une chose quelle qu'elle soit est toujours celui d'un rapport de présent à présent ... Par conséquent puisque la vision de la science divine est mesurée par l'éternité qui est toute entière en même temps et qui cependant inclut la totalité du temps et n'est absente à aucune partie du temps il s'ensuit que Dieu voit tout ce qui se passe dans le temps non comme futur mais comme présent. En effet, ce qui est vu de Dieu est certes futur pour une autre chose à laquelle il succède dans le temps, mais pour la vision divine elle-même, qui n'est pas dans le temps mais hors du temps, il n'est pas futur mais présent. Nous voyons donc le futur comme futur parce qu'il est futur pour notre vision puisque notre vision est mesurée par le temps, mais pour la vision divine, qui est hors du temps, il n'est pas futur ... De même donc que notre vue ne se trompe jamais en voyant les choses contingentes lorsqu'elles sont présentes, et que cela ne les empêche pas de se produire de façon contingente, de même Dieu voit infailliblement toutes les choses contingentes, celles qui pour nous sont présentes, passées et futures. Pour lui, en effet, elles ne sont pas futures mais il voit qu'elles existent quand elles existent. Cela n'exclut donc pas qu'elles se produisent de façon contingente [1].

Sentences (I, d. 28, q. 1, a. 5) il écrit : « Oportet enim inuenire ad hoc quod sit certa scientia, aliquam certitudinem in scito. Sciendum est igitur, quod antequam res sit non habet esse nisi in causis suis. Sed causae quaedam sunt ex quibus necessario sequitur effectus, quae impediri non possunt, et in istis causis habet causatum esse certum et determinatum, adeo quod potest ibi demonstratiue sciri, sicut est ortus solis, et eclypsis, et hujusmodi... Sed quaedam causae sunt quae se habent ad utrumque : et in istis causis effectus de futuro nullam habent certitudinem uel determinationem ; et ideo contingentia ad utrumlibet in causis suis nullo modo cognosci possunt. » ; et, dans la *Somme de théologie* (I, q. 14, a. 13) : « Alio modo potest considerari contingens, ut est in sua causa. Et sic consideratur ut futurum, et ut contingens nondum determinatum ad unum, quia causa contingens se habet ad opposita. Et sic contingens non subditur per certitudinem alicui cognitioni. Unde quicumque cognoscit effectum contingentem in causa sua tantum, non habet de eo nisi coniecturalem cognitionem ».

1. *Ver.* q. 2 a. 12 : « Tunc autem aliquid cognoscitur ut futurum est, quando inter cognitionem cognoscentis et rei euentum inuenitur ordo praeteriti ad futurum. Hic autem ordo non potest inueniri inter cognitionem diuinam et quamcumque rem contingentem ; *sed semper ordo diuinae cognitionis ad rem quamcumque est sicut ordo*

L'atmosphère boécienne du passage (que l'on retrouve d'ailleurs dans les autres passages où Thomas expose cette conception[1]) est assez évidente. Comme Boèce, l'Aquinate soutient que la vision divine voit toutes choses, passées, présentes et à venir, de la façon dont nous voyons les choses présentes. On peut mettre en parallèle ce texte de la *Consolation* :

> Quoniam igitur omne iudicium secundum sui naturam quae sibi subiecta sunt comprehendit, est autem deo semper aeternus ac praesentarius status, scientia quoque eius omnem temporis supergressa motionem in suae manet simplicitate praesentiae infinitaque praeteriti ac futuri spatia complectens omnia quasi iam gerantur in sua simplici cognitione considerat. (V. 6,15)

et celui du *De ueritate* :

> [U]nde, cum uisio diuinae scientiae aeternitate mensuretur... sequitur ut quidquid in tempore geritur, non ut futurum, sed ut praesens uideat : hoc enim quod est a Deo uisum est quidem futurum rei alteri, cui succedit in tempore ; sed ipsi diuinae uisioni, quae non <est> in tempore, sed extra tempus, non est futurum, sed praesens.

De fait, Thomas continue l'argumentation en citant explicitement la *Consolation* (V. 6,17).

> C'est aussi pour cela que, comme le dit Boèce au livre V de la *Consolation*, sa connaissance des choses futures « est appelée plus

---

praesentis ad praesens... [U]nde, cum uisio diuinae scientiae aeternitate mensuretur, quae est tota simul, et tamen totum tempus includit, nec alicui parti temporis deest, sequitur ut quidquid in tempore geritur, non ut futurum, sed ut praesens uideat : hoc enim quod est a Deo uisum est quidem futurum rei alteri, cui succedit in tempore ; sed ipsi diuinae uisioni, quae non <est> in tempore, sed extra tempus, non est futurum, sed praesens. Ita ergo nos uidemus futurum ut futurum, quia uisioni nostrae futurum est, cum tempore nostra uisio mensuretur ; sed diuinae uisioni, quae est extra tempus, futurum non est... *Sicut ergo uisus noster non fallitur unquam uidens contingentia cum sunt praesentia, et tamen ex hoc non remouetur quin illa contingenter eueniant ; ita Deus infallibiliter uidet omnia contingentia, siue quae nobis sunt praesentia, siue quae praeterita, siue quae futura, quia sibi non sunt futura, sed ea inspicit esse tunc quando sunt*; unde ex hoc non remouetur quin contingenter eueniant.

1. Voir les citations dans les notes aux pages 123-124, *infra*.

proprement providence que prévoyance», car il les voit dans le miroir de l'éternité, de loin, comme s'il se situait à distance.

Même citation dans le commentaire sur les *Sentences*[1]. Une question s'impose donc : jusqu'à quel point s'étend la parenté entre les deux théories ? Thomas emprunte-t-il la théorie boécienne en son intégralité, ou utilise-t-il plutôt des propos boéciens pour constituer une réponse au problème de la prescience qui lui est propre ?

Il faut, d'abord, distinguer entre trois éléments de sa réponse au problème. En premier lieu, Thomas affirme que la connaissance divine d'un futur contingent est une connaissance de la chose elle-même – de l'*esse* de la chose – en acte : connaissance qui ne ressemble pas à notre connaissance du futur mais à notre connaissance directe du présent[2]. Nous connaissons *de façon certaine* les choses qui sont néanmoins contingentes, quand elles sont présentes, ajoute Thomas, en se référant implicitement au célèbre *dictum* d'Aristote, véritable manifeste de la nécessité aristotélicienne du présent (*Peri hermeneias* 19a23) que ce qui est, est nécessairement, au moment où il est[3] : «... le contingent, en tant qu'il existe dans le présent, peut faire l'objet du jugement d'une puissance ou d'un habitus dans lequel on ne trouve jamais de fausseté. Par exemple, le sens juge que

---

1. I, d. 28, q. 1, a. 5 : «Unde secundum Boetium melius dicitur prouidentia quam praeuidentia : quia non quasi futurum, sed omnia ut praesentia uno intuitu procul uidet, quasi ab aeternitatis specula». Remarquons en plus que Thomas se réfère à la *Consolation* dans un des *sed contra* de cet article de *De ueritate*, (s. c. 2) : «Praeterea, omne necessarium scitur a Deo. Sed omne contingens est necessarium, secundum quod ad diuinam cognitionem refertur, ut dicit Boetius in V de Consolat. Ergo omne contingens est scitum a Deo».

2. Par exemple : *Sent.* I, d. 28, q. 1, a. 5 : «Sed quando jam efficiuntur in rerum natura, tunc habent in seipsis esse determinatum; et ideo quando sunt in actu, certitudinaliter cognoscuntur... [I]ntellectus divinus intuetur ab aeterno unumquodque contingentium... prout est in esse suo determinato...»; *Ver.* Voir les passages en italique dans la note, p. 121, ci-dessus; *SCG* I. 67, n. 2 : «diuini autem intellectus intuitus ab aeterno fertur in unumquodque eorum quae temporis cursu aguntur prout praesens est»; *ST* I q. 14 a. 13 : «Uno modo, in seipso, secundum quod iam actu est. Et sic non consideratur ut futurum, sed ut praesens, neque ut ad utrumlibet contingens, sed ut determinatum ad unum. Et propter hoc, sic infallibiliter subdi potest certae cognitioni...»; I. 133 : «... manifestum fit quod de contingentibus certam cognitionem habet, quia etiam antequam fiant, intuetur ea prout sunt actu in suo esse...».

3. Voir *supra*, chapitre II, § 5.

Socrate est assis lorsqu'il est assis »[1]. En deuxième lieu, Thomas explique *comment* Dieu a cette capacité de connaître les choses futures (par rapport à nous) comme si elles étaient présentes. C'est parce que « la vision de la science divine est mesurée par l'éternité »[2]. En troisième lieu, Thomas explique *pourquoi* ce fait – que la connaissance divine est « mesurée par l'éternité » – est la cause de la capacité divine de connaître toutes choses comme si elles étaient présentes. Les deux premiers éléments ne posent pas de grandes difficultés d'interprétation. À l'inverse, l'interprétation correcte du troisième élément – celui qui fournit effectivement l'armature fondamentale structurant cette position en son entier – n'est pas évidente. Certes, Thomas parle de l'absence de succession dans l'éternité et dit qu'elle est « présente » à tous les temps, ou qu'elle inclut ou circonscrit ceux-ci[3]. Mais comment comprendre ces affirmations? Comme nous le verrons, c'est une question

---

1. *Sent.* I, d. 28, q. 1, a. 5 : « …sic infallibiliter subdi potest certae cognitioni, utpote sensui uisus, sicut cum uideo Socratem sedere. »; *SCG* I. 67, n. 2 : «unde nihil certitudini sensus deperit cum quis uidet currere hominem… »; *ST* I, q. 14 a. 13 : « … infallibiliter subdi potest certae cognitioni, utpote sensui uisus, sicut cum uideo Socratem sedere. »; *CT* I. 133 : «nam Sortem sedere dum sedet, per certitudinem uisionis cognoscere possumus. Et similiter Deus per certitudinem cognoscit omnia … ».

2. *Sent.* I, d. 28, q. 1, a. 5 : « …Cum igitur Deus sit aeternus, oportet quod cognitio eius modum aeternitatis habeat… et cognitio sua intuetur omnia temporalia, quamuis sibi succedentia, ut praesentia sibi. »; *Ver.* q. 2 a. 12 : « unde, cum uisio diuinae scientiae aeternitate mensuretur, … non ut futurum, sed ut praesens uideat »; *ST* I, q. 14 a. 13 : « … Et licet contingentia fiant in actu successiue, non tamen Deus successiue cognoscit contingentia, prout sunt in suo esse, sicut nos, sed simul. Quia sua cognitio mensuratur aeternitate, sicut etiam suum esse… ». Voir la note prochaine pour les parties de ces citations de *Sent.* et de *ST* qui sont omises ici.

3. *Sent.* I, d. 28, q. 1, a. 5 : « Cum igitur Deus sit aeternus, oportet quod cognitio eius modum aeternitatis habeat, qui est esse totum simul sine successione. Unde sicut quamuis tempus sit successiuum, tamen aeternitas eius est praesens omnibus temporibus una et eadem et indiuisibilis ut nunc stans; ita et cognitio sua intuetur omnia temporalia, quamuis sibi succedentia, ut praesentia sibi, nec aliquid eorum est futurum respectu ipsius, sed unum respectu alterius. Unde, cum uisio divinae scientiae aeternitate mensuretur, quae est tota simul, et tamen totum tempus includit, nec alicui parti temporis deest, sequitur ut quidquid in tempore geritur, non ut futurum, sed ut praesens videat. »; *Ver.* Voir le passage en gras dans la note 1, p. 121 ci-dessus; *ST* I q. 14 a. 13 : «Et licet contingentia fiant in actu successiue, non tamen Deus successiue cognoscit contingentia, prout sunt in suo esse, sicut nos, sed simul. Quia sua cognitio mensuratur aeternitate, sicut etiam suum esse, aeternitas autem, tota simul existens, ambit totum tempus, ut supra dictum est. »; *CT* I. 133 : « eternitas sua presentialiter totum tempus decursum attingit et ultra transcendit… ».

d'interprétation qui inquiéta, et peut-être même abusa, jusqu'aux premiers lecteurs de l'Aquinate.

§ 2. LES INTERPRÉTATIONS RÉALISTES ET ÉPISTÉMIQUES DE LA THÉORIE THOMASIENNE

Dans mon analyse de l'argument de Boèce, j'ai distingué entre deux façons d'interpréter ce qu'écrit Boèce sur les rapports entre l'éternité divine et le mode selon lequel Dieu connaît toutes choses [1]. Les deux interprétations correspondent à deux prises de position sur le problème : une thèse *réaliste*, et une thèse *épistémique*. Selon la thèse réaliste, rien n'est *en réalité* ni passé ni futur par rapport à Dieu, puisque il existe entre l'éternité divine et le temps une relation telle que l'éternité et n'importe quel instant du temps sont simultanés. Dieu comprend donc que toute chose est présente à lui, parce que, par rapport à lui, toute chose est en réalité présente (Les exégètes de Boèce présentent une version de cette thèse que j'ai appelée « l'interprétation réaliste atemporelle », où cette relation se fonde sur l'atemporalité de Dieu ; mais en elle-même la thèse réaliste n'exige pas, du moins théoriquement, que Dieu soit atemporel, et je diffère au § 5 la considération du statut temporel ou atemporel de Dieu chez l'Aquinate.) Par contre, selon la thèse épistémique, on ne prétend pas que ce qui est dans le futur ou le passé n'est pas futur ou passé par rapport à Dieu. Dieu a simplement la capacité de connaître les événements qui sont futurs *comme s'ils* étaient présents : en les connaissant ainsi, *il ne les connaît pas comme ils sont en eux-mêmes*. J'ai avancé l'hypothèse que Boèce a lui-même soutenu cette thèse épistémique, contre de nombreux interprètes contemporains qui lui attribuent la thèse réaliste.

En ce qui concerne la *Consolation*, on n'avait pas jusqu'ici fait cette distinction entre une interprétation réaliste et une interprétation épistémique [2]. Par contre, la distinction est bien connue des

---

1. Voir *supra*, chapitre II, § 3.
2. Voir cependant Pike (1970), p. 74-75.

exégètes de l'Aquinate. L'analyse moderne la plus importante est
celle de Joseph de Finance. Selon lui :

> Que toutes les choses soient éternellement présentes à Dieu, cela
> peut s'entendre, en effet, de deux manières fort différentes. Une
> première interprétation consistera à dire : l'avenir est présent à
> Dieu parce que, dès maintenant son regard, qui franchit les siècles
> comme le nôtre franchit l'espace, le contemple avec autant de
> netteté et de certitude que s'il était déjà là. Mais on peut
> comprendre, au contraire, que si Dieu, éternellement, voit les
> choses, c'est parce que, indépendamment, pour ainsi dire, de sa
> vision, elles sont, éternellement, devant lui[1].

De Finance qualifie la deuxième interprétation de « réaliste »,
et la première interprétation, qui correspond à ma thèse « épistémique », d'« objective ». Le savant auteur déclare que, quoique
« l'interprétation réaliste semble un défi au bon sens » qui revient à
« éterniser le temporel et donc à le nier comme temporel », elle est
« sans aucun doute, l'interprétation de saint Thomas[2] ».

Presque toute la tradition thomiste apporte son appui à de
Finance[3]. Du commentaire sur les *Sentences* de Jean Chabrol
(Caprices ; c. 1380-1444) aux thomistes du vingtième siècle on
trouve partout l'affirmation de l'interprétation réaliste[4] – et, de fait,
la force et la netteté avec lesquelles ces exégètes exposent la
prétendue doctrine « thomasienne » contrastent avec les hésitations,
sinon l'obscurité, des textes de Thomas lui-même[5]. Les nombreuses

---

1. De Finance (1956), p. 26. Voir aussi la discussion dans Hoenen (1993),
p. 166-175.

2. De Finance (1956), p. 27.

3. On doit peut-être faire exception pour la tradition thomiste la plus ancienne
– c'est-à-dire, la littérature des Correctoires des critiques de Thomas. Par exemple, dans
le Correctoire *Quare* (Glorieux, 1927, p. 21-2), l'interprétation « correcte » qui est
proposée semble être un mélange entre une lecture réaliste – appuyant sur I, 66 de la
Somme contre les Gentils (voir *infra*, n. 1, p. 137) – et une lecture épistémique.

4. De Finance (1956), p. 49-59 cite Cajetan, Sylvestre de Ferrare, Bañez, Jean de
Saint-Thomas, et parmi les auteurs modernes Maritain et Garrigou-Lagrange.

5. Par exemple, Capreolus écrit (*In I Sent.*, d. 36, q. 1 ; cité dans De Finance, 1956,
p. 49, n. 2) : « Intentio S. Thomae fuit quod omnia futura et omnia praeterita et generali-
ter quae sunt uel erunt aut fuerunt, sint ab aeterno Deo praesentia, non solum secundum
suas rationes sed secundum suas praesentialitates et actuales existentias, et non solum in
esse cognito ; scilicet, quod Deus aeternaliter uiderit rerum actualitatem et praesentiam

critiques de la position thomasienne par les théologiens du quatorzième siècle (y compris celle de Duns Scot[1]) partagent la même lecture réaliste[2]. Parmi les historiens et philosophes qui se sont de nos jours occupés de cette question, Peter (l'auteur d'une des études la plus nuancées sur le temps et l'éternité chez l'Aquinate) se déclare convaincu par de Finance[3]. L'article bien connu de Kenny (où le philosophe anglais soulève de fortes objections à la réponse thomasienne) semble considérer l'interprétation réaliste comme allant de soi[4], et la position de Stump et Kretzmann (que j'examine ci-dessous, § 4b) se fonde également sur une telle compréhension des analyses de Thomas[5]. Brian Leftow, qui a étudié avec une finesse inouïe les conceptions temporelles d'Augustin, Boèce, Anselme et de Thomas lui-même, se demande explicitement si les choses futures sont réellement présentes à Dieu, ou si leur présence n'est qu'épistémique, mais finit par affirmer la vérité de l'interprétation réaliste[6]. Harm Goris, auteur de la meilleure étude récente sur la prescience divine chez Thomas, opte également pour l'inter-

---

ita bene et intuitiue ac si essent praesentia. Non enim solum illud intendebat, immo quod non solum intellectui, sed etiam eius aeternitati essent praesentia; immo non essent praesentia aeternaliter intellectui nisi quia sunt praesentia aeternitati ».

1. La critique de Scot, bien connue, de la position « thomasienne » – semblable à celle de Durand de St Pourçain et, de nos jours, à celle d'Anthony Kenny (voir *infra*, § 4b, p. 150) – se trouve dans son *Ordinatio* I. 39.1-5 (Joannes Duns Scotus, 1963, p. 401-404). Il n'y a aucun doute que la position qui est combattue ici est comprise d'une façon réaliste. En revanche, on ne peut être certain ni que c'est la doctrine de Thomas que l'auteur attaque, ni que ce passage – ajouté au texte de l'*Ordinatio* par les élèves de Scot, en utilisant les cahiers, aujourd'hui perdus, du maître – indique la position véritable de Scot lui-même. Selon Richard Cross (1997), Scot a lui-même proposé une théorie de l'atemporalité divine. Il se peut que Scotus ait été en vérité, précisément, le défenseur de la doctrine de l'éternité divine qu'on a attribué, faussement selon moi, à l'Aquinate.

2. Voir de Finance (1956), p. 35-43 ; Hoenen (1993), p. 175-193.

3. Peter (1964), p. 51.

4. Kenny, 1969.

5. Stump et Kretzmann, 1981 (et autres articles : voir *infra*, n. 3-4, p. 150).

6. Leftow (1990), p. 393-395. Pour l'interprétation épistémique qu'il veut rejeter, Leftow se réfère à un livre – J. Loinaz, *Praelectiones e theologia naturalis*, Torino ; Marietti, 1929, p. 271-273 – que je n'ai pas réussi à trouver.

prétation réaliste[1]. Les défenseurs de l'interprétation épistémique sont beaucoup plus rares.

En revanche, si l'on regarde les textes-mêmes de Thomas, ils sont, à tout le moins, équivoques. Certains indices suggèrent que l'interprétation épistémique est exacte; on trouve également des passages qui semblent à première vue vérifier l'interprétation réaliste. D'abord, il faut faire une distinction – la méconnaissance de celle-ci a en effet trompé de Finance et d'autres avocats de l'interprétation réaliste. De nombreux théologiens contemporains ou immédiatement postérieurs à Thomas ont soutenu que ce sont seulement les idées des choses, et pas les choses mêmes, qui sont présentes à Dieu; on compte parmi eux Albert le Grand et peut-être Bonaventure[2]. On peut être certain que l'Aquinate n'était pas de leur nombre, parce qu'il les critique explicitement dans la *Somme de théologie*: «Tout ce qui est dans le temps est, de toute éternité, présent à Dieu, *non seulement pour cette raison qu'il a, présentes par devers soi, les notions des choses, comme disent certains* (*non solum ea ratione qua habet rationes rerum apud se praesentes, ut quidam dicunt*), mais parce que son regard se porte de toute éternité sur toutes choses selon qu'elles existent en sa présence (*prout sunt in sua praesentialitate*)»[3]. Il n'y a rien ici d'équivoque, et un des éléments de la solution thomasienne est en effet (comme je l'ai observé ci-dessus) que la connaissance divine d'un futur contingent est une connaissance de la chose elle-même – de l'*esse* de la chose – en acte. De Finance semble, cependant, considérer comme équivalentes cette prise de position – sans doute rejetée par Thomas – et toute espèce d'interprétation épistémique (ou, dans sa terminologie, «objective») de la présence des choses à Dieu[4]. On ne doit pas

---

1. Goris (1998), p. 244, qui ajoute cependant: «I also admit that Aquinas does not give evidence of being fully aware of the latent ambiguity of his formulations».

2. De Finance (1956), p. 30, et voir aussi p. 31-43.

3. Comme note justement de Finance (j'ai utilisé sa traduction de *ST* I q. 14, a. 13).

4. Goris (1998, p. 244) semble se tromper de la même façon, puisqu'il déclare son adhésion à l'interprétation réaliste en disant: «I agree with most commentators that Aquinas endorses the presence of temporal things to eternity according to their own, real being, *not merely according to the intentional being they have in the divine mind*». On trouve le même malentendu (ou un malentendu semblable) chez un des premiers

retenir cette identification : certes, la thèse d'une connaissance seulement indirecte, par les idées, implique l'interprétation épistémique ; mais l'interprétation épistémique n'implique pas la thèse de la connaissance indirecte.

Ce qui, à mon avis, tranche en faveur de l'interprétation épistémique de la théorie de Boèce est son principe des modes de la connaissance, qui serait superflu si l'on acceptait l'interprétation réaliste. Dans sa première présentation de sa théorie, dans le commentaire sur les *Sentences*, Thomas rappelle explicitement ce principe boécien au moment même de proposer sa solution au problème de la prescience.

> Comment cela [que de l'éternité Dieu regarde les essences des choses futures mêmes] peut être, c'est Boèce qui l'explique clairement, à la fin de sa *Consolation* : « Toute connaissance est selon le mode de ce qui connaît », comme on a dit. Puisque Dieu est éternel, il faut que sa connaissance ait le mode de l'éternité, qui est d'être entièrement simultané de façon qu'une partie n'est pas après l'autre[1].

Dans le *De ueritate*, Thomas rappelle le principe des modes de la connaissance vers la fin de l'exposé, quand il affirme que « nous ne pouvons décrire la connaissance divine que sur le mode de notre connaissance, c'est-à-dire en co-signifiant les différences des temps »[2]. De fait, dans les articles précédents de la même question

critiques de Thomas, le théologien franciscain Guillaume de la Mare : voir Glorieux (1927), p. 18-20.

1. *Sent.* I, d. 38, q. 1, a. 5 : « Quod qualiter sit, evidenter docet Boetius in fine de Consol. Omnis enim cognitio est secundum modum cognoscentis, ut dictum est. Cum igitur Deus sit aeternus, oportet quod cognitio ejus modum aeternitatis habeat, qui est esse totum simul sine successione ». Remarquons aussi l'exposé plus étendu du principe boécien dans un autre article de la même question (d. 38 q. 1 a. 2) : « ... in qualibet cognitione potest considerari duplex modus : scilicet modus rei cognitae et modus cognoscentis. Modus quidem rei cognitae non est modus cognitionis, sed modus cognoscentis, ut dicit Boetius. Quod patet ex hoc quod ejusdem rei cognitio est in sensu cum conditionibus materialibus, quia sensus est potentia in materia ; in intellectu autem, quia immaterialis est, ejusdem cognitio est sine appenditiis materiae. Cuius ratio est, quia cognitio non fit nisi secundum quod cognitum est in cognoscente. Unumquodque autem est in aliquo per modum ipsius, et non per modum sui, ut patet ex libro de causis : et ideo oportet quod cognitio fiat secundum modum cognoscentis... ».

2. *Ver.* q. 2 a. 12 : « ... diuinam cognitionem significare non possumus nisi per modum nostrae cognitionis consignificando temporum differentias ».

(au sujet de la connaissance divine des choses autres que lui-même, et des singuliers), il discute longuement du principe des modes de la connaissance[1]. De plus, dans le *Compendium theologiae*, l'Aquinate revient à ce principe dans le paragraphe où il résume sa doctrine sur la connaissance divine des singuliers et des futurs contingents, disant que :

> ... bien que les singuliers temporels et corporels ne soient pas simultanés, Dieu les connaît cependant simultanément ; car il les connaît selon le mode de son être, qui est éternel et sans succession. Et, de même qu'il connaît immatériellement les choses matérielles, et plusieurs choses à partir d'une seule chose, de même saisit-il d'un seul regard les choses qui ni sont pas simultanées les unes avec les autres[2].

Au-delà de ces renvois à un principe épistémique, l'approche épistémique de Thomas se laisse voir ailleurs de façon encore plus évidente. D'ordinaire en effet, quand il parle de la présence des choses futures à Dieu, il ne dit pas que Dieu et les choses existent simultanément, mais que la *connaissance divine* les connaît ou les voit comme présentes (*cognitio sua intuetur omnia temporalia... ut praesentia sibi*[3]; *Tunc autem aliquid cognoscitur ut futurum est, quando inter cognitionem cognoscentis et rei euentum inuenitur ordo praeteriti ad futurum. Hic autem ordo non potest inueniri inter cognitionem diuinam et quamcumque rem contingentem; sed semper ordo diuinae cognitionis ad rem quamcumque est sicut ordo praesentis ad praesens*[4]); ou que Dieu les *connaît* simultanément (*non tamen Deus successiue cognoscit contingentia, prout*

---

1. *Ver.* q. 2, a. 3 : « Omne autem quod est in altero, est in eo per modum recipientis... secundum hoc aliquid cognoscitur ab altero secundum quod in eo immaterialiter recipitur... » ; *Ver.* q. 2 a. 5 : « ... cum omne quod est in aliquo, sit in eo per modum eius in quo est ; et ita similitudo rei non sit in Deo nisi immaterialiter... Et quia ad hoc quod aliquid cognoscatur, requiritur quod similitudo eius sit in cognoscente, non autem quod sit per modum quo est in re... ». Pour une vue générale de l'utilisation par Thomas du principe des modes de la connaissance, voir Wippel (1988).

2. *Compendium Theologiae* I, 133 : « ... licet singularia et temporalia non simul sint, tamen simul eorum Deus cognitionem habet : cognoscit enim ea secundum modum sui esse, quod est aeternum et sine successione. Sicut igitur materialia immaterialiter, et multa per unum cognoscit, sic et quae non simul sunt, uno intuitu conspicit ».

3. *Sent.* I, d. 38, q. 1, a. 5.

4. *Ver.* q. 2 a. 12.

sunt in suo esse, sicut nos, sed simul[1]). Dans l'exposé qui se trouve
dans le commentaire sur le *Peri hermeneias*, le point de vue épistémique est particulièrement manifeste. Thomas explique qu'une
« capacité cognitive » (*uis cognitiua*) qui est au-delà de l'ordre du
temps ne connaît pas les choses temporelles de la même façon
qu'une capacité cognitive sujette, même en partie, au temps : elle
voit éternellement toute chose en n'importe quel temps comme elle
existe en elle-même[2]. La présentation du thème dans les questions
De malo est également révélatrice. Après avoir dit que Dieu seul
peut connaître les choses futures en elles-mêmes, Thomas en donne
la raison : c'est que sa *connaissance* est « élevée entièrement au-
dessus de tout l'ordre du temps, de sorte qu'aucune partie du temps
ne se rapporte à l'*opération* (*operatio*) divine comme passée ou
future ; tout ce qui arrive, à n'importe quel instant du temps, est
soumis présentiellement et d'une façon uniforme à son *regard*[3] ».

Pour ne pas courir le risque de se tromper en ne regardant que des
citations très brèves, considérons deux citations un peu plus
étendues. La première se trouve dans le *De ueritate* :

> … une chose est connue comme future lorsqu'il y a entre la
> connaissance du connaissant et l'occurrence de la chose un rapport
> de passé à futur. Or, on ne peut trouver un tel rapport entre la
> connaissance divine et une chose contingente quelle qu'elle soit.

---

1. *ST* I, q. 14 a. 13.

2. *SPH* I, lec. 14, p. 77 : 370-4 ; p. 78 : 414-25 : « … ad cognoscendum ea quae
secundum ordinem temporis eueniunt, aliter se habet uis cognoscitiua, quae sub ordine
temporis aliqualiter continetur, aliter illa que totaliter est extra ordinem temporis » ; « …
Deus est omnino extra ordinem temporis, quasi in arce eternitatis constitutus, que est
tota simul ; cui subiacet totus temporis decursus et ideo uno intuitu uidet omnia que
aguntur secundum totum temporis decursum, unumquodque secundum quod est in se
ipso existens, non quasi sibi futurum quantum ad eius intuitum prout est in solo ordine
suarum causarum… set omnino eternaliter sic uidet unumquodque eorum que sunt in
quocumque tempore… ».

3. *Ma.* q. 16 a. 7 : « Unde impossibile est quod aliqua creatura cognoscat futura in
seipsis ; set hoc est proprium solius Dei, cuius cognitio est omnino eleuata supra totum
ordinem temporis, ita quod nulla pars temporis comparatur ad operationem diuinam sub
ratione preteriti uel future, sed totus decursus temporis et ea que per totum tempus
aguntur presentialiter et conformiter eius aspectui subduntur, et eius simplex intuitus
super omnia simul fertur, prout unumquodque est in suo tempore ».

Mais le rapport de la connaissance divine à une chose quelle qu'elle soit est toujours comme un rapport de présent à présent[1].

On remarque que Thomas se limite scrupuleusement à parler du rapport entre la *connaissance* divine et l'occurrence des choses[2]. En outre, regardons l'exposé serré qui est donné dans la *Somme de théologie* :

> Car sa *connaissance*, tout autant que son être, a pour mesure l'eternité; or l'éternité, qui est tout entière à la fois, englobe la totalité du temps, ainsi qu'il a été dit. De la sorte, tout ce qui se trouve dans le temps est éternellement présent à Dieu, non seulement en tant que Dieu a présentes à son esprit les raisons formelles de toutes choses, ainsi que certains le prétendent, mais parce que *son regard* se porte éternellement sur toutes les choses, en tant qu'elles sont présentes[3].

La perspective épistémique (que j'ai indiquée par les mots en italique) n'est-elle pas ici tout à fait évidente ?

---

1. *Ver.* q. 2 a. 5 : « Tunc autem aliquid cognoscitur ut futurum est, quando inter cognitionem cognoscentis et rei euentum inuenitur ordo praeteriti ad futurum. Hic autem ordo non potest inueniri inter cognitionem diuinam et quamcumque rem contingentem; sed semper ordo diuinae cognitionis ad rem quamcumque est sicut ordo praesentis ad praesens ».

2. Brian Leftow (1990, p. 394) considère, cependant, que ce passage démontre que son interprétation réaliste est correcte. Il dit que « Aquinas here deliberately relates the epistemic relations « knowing as present » and « knowing as future » to the real temporal relations of pastness and futurity, claiming that if an event is really future to the event of knowing, the event is known as future ». Mais quand Thomas écrit que *non potest inueniri inter cognitionem cognoscentis et rei eventum inuenitur ordo praeteriti ad futurum*, l'interprétation la plus évidente est que Dieu ne connaît pas la chose comme future mais comme présente, c'est-à-dire, une interprétation épistémique. Leftow lit le passage comme si Thomas disait que le rapport entre l'occurrence de l'acte de connaissance (« the event of knowing ») et l'occurrence de la chose doit être un rapport de présent à présent, interprétation qui n'est plausible que pour celui qui accepte déjà l'interprétation réaliste.

3. *ST* I, q. 14, a. 13, : « Quia sua cognitio mensuratur aeternitate, sicut etiam suum esse, aeternitas autem, tota simul existens, ambit totum tempus, ut supra dictum est. Unde omnia quae sunt in tempore, sunt Deo ab aeterno praesentia, non solum ea ratione qua habet rationes rerum apud se praesentes, ut quidam dicunt, sed quia eius intuitus fertur ab aeterno super omnia, prout sunt in sua praesentialitate. Unde manifestum est quod contingentia et infallibiliter a Deo cognoscuntur, inquantum subduntur diuino conspectui secundum suam praesentialitatem, et tamen sunt futura contingentia, suis causis comparata ». Pour la traduction française, j'ai utilisé Thomas d'Aquin (1999).

Souvent Thomas utilise une analogie pour éclaircir sa position sur les rapports entre Dieu et les choses temporelles. Dans le commentaire sur les *Sentences* il parle de cinq hommes « qui voient de façon successive les choses contingentes qui se produisent » : A voit les choses en t_1 ; B, une heure plus tard, en t_2 ; jusqu'à E, qui les voit en t_5, quatre heures plus tard que t_1. « Si l'on supposait que ces cinq actes des [cinq différents] hommes qui connaissent étaient un seul acte », dit Thomas, « on pourrait dire qu'il y avait présentiellement une connaissance de toutes les choses qui étaient connues de façon successive »[1]. Il s'agit ici, comme on le voit clairement, d'un acte de *connaissance* présentielle : l'analogie ne suggère nullement qu'il y ait une simultanéité réelle entre le seul acte, hypothétique, par lequel on connaîtrait les cinq choses, et les choses elles-mêmes. Dans le *De ueritate* Thomas substitue une analogie plus pittoresque, mais au fond très proche de celle de l'ouvrage antérieur. Il oppose un observateur qui voit successivement des voyageurs « qui passent l'un après l'autre par un même chemin et cela pendant un certain temps », et il explique :

> [l'observateur] verrait comme présents certains des passants, si bien que, dans la totalité du temps de sa vision, il verrait comme présents tous les passants. Cependant il ne les verrait pas tous ensemble en même temps comme présents, car le temps de sa vision n'est pas tout entier en même temps. Mais, si sa vision pouvait exister toute entière en même temps, il les verrait tous présents en même temps, bien qu'ils ne passent pas tous comme présents en même temps[2].

---

1. *Sent.* I, d. 38, q. 1, a. 5 : « Sint quinque homines qui successiue in quinque horis quinque contingentia facta uideant. Possum ergo dicere, quod isti quinque uident haec contingentia succedentia praesentialiter. Si autem poneretur quod isti quinque actus cognoscentium essent actus unus, posset dici quod una cognitio esset praesentialiter de omnibus illis cognitis successiuis ».

2. *Ver.* q. 2 a. 12 : « Si aliquis uideret multos transeuntes per unam uiam successive, et hoc per aliquod tempus, in singulis partibus temporis uideret praesentialiter aliquos transeuntium, ita quod in toto tempore suae uisionis omnes transeuntes praesentialiter uideret; nec tamen simul omnes praesentialiter quia tempus suae uisionis non est totum simul. Si autem sua uisio tota simul posset existere, simul praesentialiter omnes uideret, quamuis non omnes simul praesentialiter transirent ».

Ici, encore plus distinctement, Thomas indique une opposition entre une *vision* qui connaît les choses l'une après l'autre, et une *vision* qui, étant toute entière en même temps, voit « toutes présentes en même temps » ces choses qui *ne sont pas* présentes en même temps. Il utilise une analogie différente dans le commentaire sur le *Peri hermeneias* et dans *De malo*. Thomas retient l'image de voyageurs qui passent par un chemin, mais il distingue à présent la vision de l'un des passants, et celle de quelqu'un qui ne passe pas par le chemin, mais qui regarde les autres passants d'une haute tour élevée ou d'un lieu élevé d'observation. Chacun des voyageurs peut voir seulement ceux qui sont à son coté et certains de ceux qui marchent devant lui, mais pas ceux qui le suivent. L'observateur de la tour peut par contre voir d'un seul coup tous ceux qui passent[1]. Bien que cette analogie, contrairement aux deux précédentes, souligne la différence réelle entre la situation des voyageurs (qui représentent ceux qui sont dans le temps), et celle de l'observateur dans sa tour (donc, au-delà du temps), Thomas n'essaie pas d'établir un rapport quelconque entre le statut réel de l'observateur d'en haut et les différents voyageurs : il lui suffit d'établir qu'il les *voit* simultanément d'un même regard.

On peut ajouter un autre témoignage – un texte des *Quodlibeta* qu'on ne cite pas souvent – qui semble proposer presque sans équivoque la thèse épistémique :

> Dieu connaît les choses d'une façon plus noble que nous ne les connaissons. Car notre connaissance se trouve dans le temps, et notre regard voit en conséquence les choses selon la raison du

---

1. *SPH* I, lec. 14, (p. 77 : 379-93) : « Si ergo sint multi homines per uiam aliquam transeuntes, quilibet eorum qui sub ordine transeuntium continetur habet cognitionem de precedentibus et succedentibus, in quantum sunt precedentes et subsequentes, quod pertinet ad ordinem loci ; et ideo quilibet eorum uidet eos, qui iuxta se sunt et aliquos eorum qui eos precedunt ; eos autem qui post se sunt uidere non potest. Si autem esset aliquis extra totum ordinem transeuntium, utpote in aliqua excelsa turri constitutus, unde posset totam uiam uideri, uideret quidem simul omnes in uia existentes, non sub ratione precedentis et subsequentis, in comparatione scilicet ad eius intuitum, sed simul omnes uideret, et quomodo unus eorum alium precedit. » ; *Ma.* q. 16, a. 7 : « sicut ille qui est in alta specula constitutus uidet simul omnes transeuntes per uiam, non sub ratione precedentis et subsequentis quoad ipsum quamuis uideat quosdam alios precedere ; tamen quicumque in ipsa uia constitutus in ordine transeuntium non potest uidere nisi precedentes uel iuxta se positos ».

temps (*secundum rationem temporis*), c'est-à-dire le présent, le passé et l'avenir, en d'autres termes, il connaît les choses passées comme passées, les choses présentes comme présentes, et les choses futures comme futures, et <les choses présentes> d'une façon certaine. En revanche, la connaissance divine est au-delà du temps et elle n'est mesurée que par l'éternité. En conséquence, il [Dieu] ne connaît pas les choses dans la mesure où elles sont dans le temps, mais en tant qu'elles sont dans l'éternité, c'est-à-dire, en tant qu'elles sont présentes à lui, soit qu'elles sont contingentes, soit nécessaires. Il connaît donc toutes choses comme présentes dans sa présentialité[1].

Ces citations ne laisseront certainement pas les partisans de l'interprétation réaliste sans réponse. À l'inverse, ils déploreront peut-être que les citations brèves entre parenthèses ci-dessus risquent de tromper le lecteur, parce qu'on a omis précisément le contexte qui montre que leur portée, loin d'être épistémique, est réaliste. Considérons donc le passage plus long du Commentaire sur les *Sentences* :

Tandis que, dans le temps, une chose suit une autre, son éternité est présente à tous les temps : une et identique, indivisible, comme présent immobile. De la même façon, la connaissance [de Dieu] voit toutes les choses sujettes au temps comme présentes à elle, bien qu'une chose en suive une autre ; aucune chose n'est future par rapport à lui, mais une chose est future par rapport à une autre chose[2].

1. *Quodlibeta* 11, q. 3 : «Deus enim cognoscit res nobiliori modo quam nos cognoscamus. Nam cognitio nostra est in tempore, et ideo intuitus noster respicit res secundum rationem temporis, scilicet presentis, preteriti et futuri ; ut scilicet cognoscat preterita ut preterita, presencia ut praesencia, futura ut futura, *et <presencia> certitudinaliter*. Cognitio uero diuina est supra tempus et mensuratur eternitate solum ; et ideo non cognoscit <res> prout sunt in tempore, set prout sunt in eternitate, scilicet prout praesencia ei, tam necessaria quam contingencia ; unde omnia cognoscit tamquam presencia in sua presencialitate». En adoptant la lecture *et <presencia> certitudinaliter*, je suis une suggestion des éditeurs de l'édition Léonine (qui, cependant, préfèrent *et naturaliter*) : voir Thomas d'Aquin (1996a), p. 155, note textuelle à l. 35.
2. *Sent.* I, d. 38, q. 1, a. 5 : «Unde sicut quamuis tempus sit successiuum, tamen aeternitas eius est praesens omnibus temporibus una et eadem et indiuisibilis ut nunc stans ; ita et cognitio sua intuetur omnia temporalia, quamuis sibi succedentia, ut praesentia sibi, nec aliquid eorum est futurum respectu ipsius, sed unum respectu alterius».

Ici Thomas semble raisonner en partant d'un fait métaphysique (la présence de l'éternité divine à tous les temps) – pour parvenir à une position épistémologique (la connaissance de toute chose comme présente). On pourrait également proposer une lecture semblable du paragraphe de la *Somme de théologie* que j'ai cité ci-dessus (p. 132, n. 3) pour donner appui à mon interprétation épistémique. Ne s'agit-il pas également ici d'une inférence du statut métaphysique de l'éternité (*aeternitas autem, tota simul existens, ambit totum tempus*) à la présence des choses à la connaissance divine (***unde** omnia quae sunt in tempore, sunt Deo ab aeterno praesentia*)?

À ces arguments celui qui, comme moi, soutient l'interprétation épistémique, peut répondre à son tour que le raisonnement de l'Aquinate est plus compliqué que les interprètes réalistes ne le reconnaissent. Thomas ne raisonne pas ainsi :

    1. Dieu est éternel.

donc

    2. Toutes les choses sont présentes à Dieu.

donc

    3. Il connaît toute chose comme présente, parce qu'elle lui est vraiment présente.

Son raisonnement est plutôt le suivant :

    4. Toute connaissance est selon le mode de celui qui connaît. (principe des modes de la connaissance)

    5. Dieu est éternel.

donc

    6. Dieu connaît toute chose de façon éternelle – c'est-à-dire, comme présente.

Ainsi :

    7. Dieu connaît toute chose comme présente, parce que toute chose est présente à sa connaissance.

Les avocats de l'interprétation réaliste ont donc raison quand ils soutiennent que le statut ontologique de Dieu comme éternel est l'une des prémisses de l'argument thomasien; mais la conclusion que celle-ci entraîne est néanmoins d'ordre épistémique.

Il est cependant évident que, en certains passages, Thomas regarde les rapports entre l'éternité divine et les choses temporelles d'une façon réaliste. Par exemple, dans le chapitre de la *Somme contre les gentils* qui précède celui consacré à la connaissance divine des futurs contingents, Thomas esquisse une conception de l'éternité comme présente à chaque instant du temps. Il propose une analogie avec le rapport entre le centre d'un cercle et sa circonférence. Tout ce qui est dans le temps « coexiste avec l'éternel comme s'il lui était présent ». Quand Thomas conclut que « l'intellect divin en toute son éternité perçoit tout ce qui se passe dans le cours entier du temps comme présent », il semble dériver cette affirmation épistémique des faits ontologiques qu'il a établis[1]. On a le sentiment ici que, comme beaucoup de philosophes contemporains de la religion, Thomas conçoit le temps et l'éternité comme s'ils étaient deux différents « time streams », chacun ayant une structure topologique différente. Mais cette perspective n'est pas habituelle chez l'Aquinate, et dans le chapitre qui suit – le chapitre sur la prescience divine elle-même – il adopte à nouveau un point de vue épistémique : c'est « la science divine » au regard de laquelle les choses ne sont pas futures mais présentes; c'est elle qui « existant dans le moment de l'éternité se rapporte à toute chose de manière présente »[2].

---

1. *SCG* I, 66, n. 8 : « Rursum, cum aeterni esse nunquam deficiat, cuilibet tempori vel instanti temporis praesentialiter adest aeternitas. Cuius exemplum utcumque in circulo est videre : punctum enim in circumferentia signatum, etsi indiuisibile sit, non tamen cuilibet puncto alii secundum situm coexistit simul, ordo enim situs continuitatem circumferentiae facit; centrum uero, quod est extra circumferentiam, ad quodlibet punctum in circumferentia signatum directe oppositionem habet. Quicquid igitur in quacumque parte temporis est, coexistit aeterno quasi praesens eidem : etsi respectu alterius partis temporis sit praeteritum uel futurum. Aeterno autem non potest aliquid praesentialiter coexistere nisi toti : quia successionis durationem non habet. Quicquid igitur per totum decursum temporis agitur, divinus intellectus in tota sua aeternitate intuetur quasi praesens ».

2. *SCG* I. 67, n. 9 : « Rursus, cum dicitur, Deus scit, uel sciuit, hoc futurum, medium quoddam accipitur inter diuinam scientiam et rem scitam, scilicet tempus in quo est locutio, respectu cuius illud quod a Deo scitum dicitur est futurum. Non autem est futurum respectu diuinae scientiae, quae, in momento aeternitatis existens, ad omnia

Si l'on s'éloigne un peu de l'exégèse détaillée des textes, pour considérer les principes fondamentaux sur lesquels l'Aquinate fonde son analyse de la prescience divine, on comprendra plus clairement pourquoi la perspective épistémique prévaut dans sa façon d'aborder le problème de la prescience. Si Thomas insiste pour dire que Dieu connaît les choses (passées, présentes et futures) *elles-mêmes* dans leur *esse*, il soutient également qu'il ne s'agit pas d'une connaissance directe. La connaissance divine ne dépend d'aucune chose externe à Dieu : Dieu connaît toute chose en se connaissant soi-même comme imitable. Comme il l'explique dans la *Somme contre les gentils* :

> L'intellect divin peut comprendre dans son essence ce qui est propre à chaque chose, en pensant ce en quoi chaque chose imite son essence et ce en quoi chacun n'atteint pas à sa perfection [1].

et dans la *Somme de théologie* :

> Car la nature propre d'un être quelconque a consistance selon qu'elle participe en quelque manière la perfection divine. Or Dieu ne se connaîtrait point parfaitement lui-même, s'il ne connaissait toutes les manières dont sa perfection peut être participée par d'autres [...] [2].

On ne doit donc nullement s'étonner que le principe des modes de la connaissance soit d'une importance exceptionnelle dans la

---

praesentialiter se habet. Respectu cuius, si tempus locutionis de medio subtrahatur, non est dicere hoc esse cognitum quasi non existens, ut locum habeat quaestio qua quaeritur an possit non esse : sed sic cognitum dicetur a Deo ut iam in sua existentia uisum ».

1. *SCG* I. 54, n. 6 : « Intellectus igitur diuinus id quod est proprium unicui, que in essentia sua comprehendere potest, intelligendo in quo eius essentiam imitetur, et in quo ab eius perfectione deficit unumquodque ».

2. *ST* I, q. 14, a. 6 : « Propria enim natura uniuscuiusque consistit, secundum quod per aliquem modum diuinam perfectionem participat. Non autem Deus perfecte seipsum cognosceret, nisi cognosceret quomodocumque participabilis est ab aliis sua perfectio... ». Voir aussi *Sent.*, 1 d. 36 q. 2 a. 2 : « quod cum Deus de singulis rebus propriam cognitionem habeat, oportet quod essentia sua sit similitudo singularium rerum, secundum quod diuersae res diuersimode et particulariter ipsam imitantur secundum suam capacitatem, quamuis ipsa se totam imitabilem praebeat; sed quod perfecte non imitantur eam creaturae, sed difformiter, hoc est ex earum diuersitate et defectu... »; et *Sent.* d. 38 q. 1 a. 2, *Ver.* q. 2, a. 1; q. 14, a. 5 et a. 6. Thomas expose longuement sa doctrine de la nature de l'intelligence divine dans les chapitres 44-71 du livre 1 de la *SCG*, et dans la question 14 de la *prima pars* de la *ST*.

conception thomasienne de la connaissance divine. S'il s'agissait d'un acte éternel de connaissance divine d'une part, et d'un objet de connaissance temporel entièrement indépendant de celui qui connaît de l'autre, il serait peut-être difficile de comprendre en quel sens Dieu peut connaître *comme* présente une chose qui n'est pas en fait présente mais à venir[1]. Cette idée devient moins paradoxale quand on suppose que la connaissance divine, tout en étant une connaissance de l'*esse* des choses, est en fin de compte une connaissance de soi-même, et qu'il n'est pas possible que les relations temporelles – du présent, par exemple, par rapport au passé ou au futur – fassent partie de la vie éternelle divine. Comme l'a montré Harm Goris, selon Thomas, la connaissance humaine est intrinsèquement structurée en propositions temporelles, tandis que la connaissance divine n'est ni propositionnelle ni temporelle[2]. Selon un mode que le langage humain ne peut représenter qu'imparfaitement, Dieu connaît les choses dans leur pleine temporalité, mais le temps ne joue aucun rôle dans l'acte divin de connaissance lui-même. Cette conception est exposée dans un passage tout à fait lumineux du *De ueritate* :

> La difficulté vient ici de ce que nous ne pouvons décrire la connaissance divine que sur le mode de notre connaissance, c'est-à-dire en co-signifiant les différences des temps. Si, en effet, on décrivait la science de Dieu telle qu'elle est, on devrait dire que « Dieu sait que telle chose existe » plutôt que « Dieu sait qu'elle existera », car pour lui les choses ne sont jamais futures mais toujours présentes[3].

1. Prior (1962, p. 57) écrit : « ... I simply cannot see how the presentness, pastness or futurity of any state of affairs can be in any way relative to the *persons to whom* this state of affairs is known. What makes this quite impossible to stomach is precisely the truth that both Thomas and his objector insist on, namely that the future has an openness to alternatives which the past has not; such openness is just not the sort of thing which can be present for one observer and absent for another – either it exists or it doesn't, and there's an end to it; and so either a thing already has occurred or it hasn't, and there's an end to *that* ».
2. Goris (1998), p. 100-252 : voir particulièrement, p. 252-254.
3. *Ver.* q. 2 a. 12 : » Difficultas autem in hoc accidit, eo quod diuinam cognitionem significare non possumus nisi per modum nostrae cognitionis consignificando temporum differentias : si enim significaretur ut est Dei scientia, magis deberet dici

CHAPITRE V

§ 3. L'ARGUMENT DE LA NÉCESSITÉ ACCIDENTELLE

Dans les trois ouvrages où Thomas présente le problème de la prescience sous la forme d'une *quaestio* – le commentaire sur les *Sentences*, le *De ueritate* et la *Somme de théologie* – l'argument de la nécessite accidentelle et la réponse qu'il exige dominent (comme on l'a dit ci-dessus) dans les arguments *pro* et *contra*. Thomas était très conscient de la force de ce raisonnement, qu'il présente ainsi dans le *De ueritate* :

> **[9 = Principe du transfert de la nécessité]** Dans toute proposition conditionnelle vraie, si l'antécédent est nécessaire absolument, le conséquent le sera aussi. **[8]** Or, la proposition conditionnelle « Si quelque chose est su de Dieu, cela sera » est vraie. Puis donc que l'antécédent « cela est su de Dieu » est nécessaire absolument, le conséquent sera lui aussi nécessaire absolument. **[14]** Il est donc nécessaire absolument que tout ce qui est su de Dieu existe. Voici comment on prouvait que la proposition « cela est su de Dieu » est nécessaire absolument : **[12]** Cette proposition porte sur le passé ; **[Affirmation de l'idée de la nécessité accidentelle]** or, toute proposition portant sur le passé, si elle est vraie, est nécessaire, car ce qui a été ne peut pas ne pas avoir été. **[13]** Elle est donc nécessaire absolument. **[A]** En outre, tout ce qui est éternel est nécessaire. Or, tout ce que Dieu a su, il l'a su de toute éternité. Il est donc nécessaire absolument qu'il l'ait su [1].

Je présente en gras les numéros des propositions tels qu'ils apparaissent dans la reconstruction de l'argument de la nécessité accidentelle que j'ai donnée au premier chapitre, afin que l'on

---

quod Deus scit hoc esse, quam quod sciat futurum esse ; quia sibi nunquam sunt futura, sed semper praesentia... ».

1. *Ver.* q. 2 a. 12 arg. 7 : « Praeterea, in omni uera conditionali, si antecedens est necessarium absolute, et consequens erit absolute necessarium. Sed ista conditionalis est uera : si aliquid est scitum a Deo, illud erit. Cum ergo hoc antecedens : hoc esse scitum a Deo sit absolute necessarium, et consequens erit absolute necessarium : ergo omne quod scitum est a Deo, necesse est absolute esse. Quod autem hoc sit necessarium absolute : hoc esse scitum a Deo ; sic probabat. Hoc est quoddam dictum de praeterito. Sed omne dictum de praeterito, si est uerum, est necessarium, quia quod fuit, non potest non fuisse. Ergo hoc est absolute necessarium. Praeterea, omne aeternum est necessarium. Sed omne quod Deus sciuit, ab aeterno sciuit. Ergo eum sciuisse, est necessarium absolute ».

puisse voir la manière dont la présentation thomasienne s'approche de près de l'argument moderne. Notons, tout de même, qu'il y a un argument supplémentaire, **A** (dans le texte latin il est présenté comme un argument distinct) : de même qu'une proposition qui porte sur le passé est nécessaire, ce qui est éternel est nécessaire et « tout ce que Dieu a su, il l'a su de toute éternité ».

Le plan de la réponse est le même dans les trois ouvrages. Thomas donne une série de solutions qu'il rejette, pour finir par admettre l'objection à laquelle il répond : il admet ainsi que « le conséquent [ce qui est su de Dieu existe] est nécessaire absolument », mais il nuance cette affirmation, de sorte qu'elle ne s'oppose pas à la contingence des choses. Il serait fastidieux de s'attarder sur les autres réponses, différentes, que rejette Thomas [1]. Dans trois d'entre elles, on essaie de nier que l'antécédent (« quelque chose est su de Dieu ») soit nécessaire : soit parce que « bien qu'il soit passé, il implique un rapport au futur et n'est donc pas nécessaire » – la réponse proto-ockhamiste qu'on trouve déjà au douzième siècle [2] ; soit « parce qu'il est composé de nécessaire et de contingent » [3] ; soit parce qu'en effet Dieu n'a pas prévu dans le passé, mais qu'il prévoit dans son éternité, et aurait pu prévoir d'une façon différente [4]. Dans

1. On trouvera une analyse minutieuse, accompagnée d'une critique équilibrée des raisons proposées par Thomas pour rejeter ces prétendues solutions, dans Prior (1962), p. 47-51.

2. *Ver.* q. 2 a. 12 ad. 7 : « Quidam enim dixerunt, quod hoc antecedens est contingens : hoc est scitum a Deo ; eo quod, quamuis sit praeteritum, tamen importat ordinem ad futurum, et ideo non est necessarium ; sicut cum dicitur : hoc fuit futurum ; istud praeteritum non est necessarium, quia quod fuit futurum, potest non esse futurum... ». Thomas répond en insistant que *quod est futurum, possit non esse futurum, nunquam tamen potest non fuisse futurum*. On trouve la même objection et la même réponse dans *Sent.* et *ST*.

3. *Ver.* q. 2 a. 12 ad. 7 : « Et ideo alii dicunt, quod hoc antecedens est contingens, quia est compositum ex necessario et contingenti : scientia enim Dei est necessaria, sed scitum ab eo est contingens : quorum utrumque in praedicto antecedente includitur ; sicut et hoc est contingens : Socrates est homo albus ; uel : Socrates est animal et currit ». Thomas observe justement qu'une proposition (de cette espèce – une proposition épistémique) n'est pas contingente ou nécessaire selon *quod materialiter in locutione ponitur*, mais *ex principali compositione in qua fundatur ueritas propositionis* On trouve la même objection et la même réponse dans *Sent.* et *ST*.

4. *Sent.* I, d. 38 q. 1 a. 5 ad 4 : « Et ideo alii dicunt, sicut uidetur Magister dicere in littera, quod hoc antecedens non est necessarium ; quia praescitum, quamuis secundum uocem consignificet tempus praeteritum, tamen significat actum diuinum, cui non

une des réponses, on admet la nécessité de l'antécédent mais on prétend « qu'il n'est pas nécessaire que le conséquent d'un antécédent nécessaire absolument soit nécessaire absolument, sauf lorsque l'antécédent est la cause prochaine du conséquent »[1]. Sauf en ce qui concerne son rejet tranché de la solution proto-ockhamiste, Thomas semble avoir raison en jugeant que ces réponses se fondaient sur une mauvaise compréhension de la structure logique de l'objection. Dans le Commentaire sur les *Sentences*, Thomas propose sa propre solution ainsi :

> [...] l'antécédent est nécessaire de manière absolue, à cause à la fois de l'immobilité de l'acte et du rapport de l'acte à ce qui est connu, car une telle chose ne peut être tenue comme objet de la connaissance divine que quand elle est en acte, car en tant que telle, elle est déterminée et certaine. Car il est nécessaire que la chose soit quand elle est ; une semblable nécessité doit donc être introduite dans le conséquent : par exemple, on doit accepter ceci – que-Socrate-court – selon que ceci est en acte ; ce sera ainsi quelque chose de nécessaire et déterminé. Il est évident en conséquence que si l'on considère [le fait que] que Socrate court en tant que cela suit de l'antécédent, il est nécessaire, car il ne suit pas de l'antécédent sauf en tant qu'il est l'objet de la connaissance divine, à laquelle il est soumis en tant qu'il est regardé présentiellement dans son être actuel. Pour cette raison, il faut considérer le conséquent de la même façon, et il est ainsi évident que le

accidit praeteritum : et ideo sicut Deus potest non praescire, ita potest non praescisse ». À cette objection, qui se trouve seulement dans le Commentaire sur les *Sentences,* Thomas répond en observant que l'acte divin a la *necessitas immobilitatis,* même si la *necessitas coactionis* en est absent.

1. *Ver.*, q. 2 a. 12 ad. 7 : « Et ideo alii concedunt simpliciter, quod sit necessarium ; sed dicunt, quod ex antecedente necessario absolute, non oportet quod sequatur consequens necessarium absolute, nisi quando antecedens est causa proxima consequentis. Si enim sit causa remota, potest necessitas effectus impediri per contingentiam causae proximae ; sicut quamuis sol sit causa necessaria, tamen floritio arboris, quae est eius effectus, est contingens, quia causa eius proxima est uariabilis, scilicet uis generatiua plantae ». Thomas explique, en réponse, que le conséquent ne suit pas l'antécédent en raison de la causalité mais à cause de la relation logique entre eux. On trouve la même objection et la même réponse dans *Sent.* et *ST.*

conséquent est nécessaire ; car il est nécessaire que Socrate courre, quand il court[1].

Ce qui est le plus clair, c'est ce que l'argument de Thomas *n'est pas* : Thomas ne propose nullement la solution boécienne / thomasienne à l'argument de la nécessité accidentelle. Il ne nie pas la prémisse I. 12, selon laquelle la proposition « cela est su de Dieu » porte sur le passé. Il accepte plutôt l'argument de l'objecteur avec des nuances. Il ne se demande pas si la proposition qui affirme que Dieu connaît un futur contingent est bien une proposition qui porte sur le passé. Il se concentre – ainsi qu'il le fait dans le corps de l'article (selon l'interprétation épistémique proposée ci-dessus) – sur l'acte divin lui-même, et sur le rapport, dans cet acte de connaître, entre la connaissance divine et l'objet connu. Or, puisque la connaissance divine est immobile et connaît toute chose comme présente, ses objets sont de toutes façons nécessaires, avec une nécessité qui est celle du présent selon la doctrine aristotélicienne, et – Thomas l'a expliqué dans le corps de l'article – cette nécessité n'empêche pas que les événements ainsi prévus, qui sont pour nous futurs, soient contingents.

La perspective est pleinement celle de Boèce (du véritable Boèce). Mais Boèce n'avait pas à répondre à l'argument de la nécessité accidentelle, et on peut regretter que la réponse de Thomas dans le Commentaire donne les grandes lignes d'une solution sans cependant expliquer comment la logique de l'objection pourrait être refutée. En revanche, dans le *De ueritate* (et la *Somme de théologie*) il propose un principe général qui semble viser à donner une réponse précise à l'argument :

1. *Sent.* I, d. 38 q. 1 a. 5 ad 4 : « Et ideo aliter dicendum est, quod antecedens est necessarium absolute, tum ex immobilitate actus tum etiam ex ordine ad scitum ; quia ista res non ponitur subjacere scientiae diuinae nisi dum est in actu, secundum quod determinationem et certitudinem habet. Ipsum enim necesse est esse dum est ; et ideo similis necessitas est inserenda in consequente, ut scilicet accipiatur ipsum quod est Socratem currere, secundum quod est in actu ; et sic terminationem et necessitatem habet. Unde patet quod si sumatur Socratem currere secundum hoc quod ex antecedente sequitur, necessitatem habet : non enim sequitur ex antecedente nisi secundum quod substat diuinae scientiae, cui subjicitur prout consideratur praesentialiter in suo esse actuali ; unde etiam sic sumendum est consequens, quomodo patet quod consequens necessarium est : necesse enim est Socratem currere dum currit ».

Il faut donc proposer une autre solution et affirmer que l'antécédent en question est nécessaire purement et simplement et que le
conséquent est nécessaire de manière absolue selon la façon dont il
découle de l'antécédent. Il en va, en effet, autrement de ce qui est
attribué à la chose en tant que telle et de ce qui lui est attribué en
tant qu'elle est connue. En effet, ce qui est attribué à la chose en
tant que telle lui appartient selon son mode propre tandis que ce qui
lui est attribué ou découle d'elle en tant qu'elle est connue dépend
du mode du connaissant. Si donc, dans l'antécédent, est signifié
quelque chose qui relève de la connaissance, il faut comprendre le
conséquent en fonction du mode du connaissant et non en fonction
du mode de la chose connue. Si, par exemple, je dis « Si j'intellige
une chose, celle-ci est immatérielle », il n'est pas nécessaire que ce
qui est intelligé soit immatériel sinon en tant qu'il est intelligé.
Pareillement, lorsque je dis « Si Dieu sait quelque chose, cela
sera », le conséquent doit s'entendre non en fonction de la dispo-
sition de la chose en elle-même mais en fonction du mode du
connaissant. Or, bien que la chose en tant que telle soit encore à
venir, elle est cependant présente selon le mode du connaissant. Voilà pourquoi il vaudrait mieux dire « Si Dieu connaît
quelque chose, cela est » que « cela sera ». Il faut donc porter le
même jugement sur la proposition « Si Dieu sait quelque chose,
cela sera » et sur la proposition « Si je vois Socrate courir, Socrate
court » l'un et l'autre sont nécessaires quand ils sont[1].

Thomas rejette (ou, plutôt, modifie) la proposition ((I.)8) de
l'argument de la nécessité accidentelle – « Or, la proposition condi-

1. *Ver.*, q. 2 a. 12 ad. 7 : « Et ideo aliter dicendum est, quod hoc antecedens est
simpliciter necessarium, et consequens est necessarium absolute, eo modo quo ad
antecedens sequitur. Aliter enim est de his quae attribuuntur rei secundum se, aliter de
his quae attribuuntur ei secundum quod est cognita. Illa enim quae attribuuntur ei
secundum se, conueniunt ei secundum modum suum. Sed illa quae attribuuntur ei vel
quae consequuntur ad ipsam in quantum est cognita, sunt secundum modum cognoscentis. Unde, si in antecedente significetur aliquid quod pertineat ad cognitionem,
oportet quod consequens accipiatur secundum modum cognoscentis, et non secundum
modum rei cognitae; ut si dicam : si ego intelligo aliquid, illud est immateriale; non
enim oportet ut quod intelligitur, sit immateriale, nisi secundum quod est intellectum : et
similiter cum dico : si Deus scit aliquid, illud erit; consequens est sumendum, non
secundum dispositionem rei in seipsa, sed secundum modum cognoscentis. Quamuis
autem res in seipsa, sit futura, tamen secundum modum cognoscentis est praesens; et
ideo magis esset dicendum : si Deus scit aliquid, hoc est; quam : hoc erit; unde idem est
iudicium de ista : si Deus scit aliquid, hoc erit; et de hac : si ego uideo Socratem currere,
Socrates currit : quorum utrumque est necessarium dum est ».

tionnelle « Si quelque chose est su de Dieu, cela sera » est vraie » –
en utilisant un principe de la logique des conséquences basé sur le
principe des modes de la connaissance (je l'appellerai le principe
des conséquences épistémiques) :

> (PCÉ) Si dans l'antécédent d'une conséquence est signifié
> quelque chose qui relève de la connaissance, il faut comprendre le
> conséquent en fonction du mode du connaissant et non en fonction
> du mode de la chose connue.

Selon PCÉ, eu égard de la manière présentielle selon laquelle
Dieu connaît tout, la proposition conditionnelle proposée dans (I. 8)
n'est vraie que si elle est comprise comme :

> (I. 8*) Si quelque chose est su de Dieu, ce quelque chose est.

Thomas accepte volontiers que la conséquence (I. 8*) est
nécessairement vraie, que son antécédent soit également vrai, et que
le conséquent soit donc lui aussi vrai : en d'autres termes, Thomas
accepte tout le raisonnement de l'argument de la nécessité accidentelle, mais pour arriver, grâce au remplacement de (I. 8) par (I. 8*), à
la conclusion relativement anodine que ce qui est, est nécessaire,
quand il est (et quand quelqu'un voit qu'il est).

Bien que cette solution ait une certaine élégance, il faut malheureusement observer que le principe PCÉ qui la fonde n'est pas
admissible : Thomas fit erreur en l'acceptant. Examinons ce qui est
proposé par PCÉ. Le principe porte sur les propositions hypothétiques de la forme :

> Si {sujet} {verbe épistémique} {l'objet connu}, {l'objet connu}
> est {prédicat}.

J'emploierai les symboles « S » pour le sujet, « É » pour le verbe
épistémique, « O » pour l'objet connu et « P » pour (n'importe quel)
prédicat. Regardons maintenant l'exemple donné par l'Aquinate

> 8. Si j'intellige une chose, celle-ci est immatérielle.

(8), qui correspond évidemment à la forme <u>Si S É O, O est P</u>, a l'air
d'un sophisme, parce qu'on pourrait raisonner ainsi :

> 9. J'intellige un éléphant.

Donc :

> 10. Un éléphant est immatériel.

Thomas a donc raison quand il constate qu'il « n'est pas nécessaire que ce qui est intelligé soit immatériel sinon en tant qu'il est intelligé » et quand il insiste que (8) n'est admissible que quand on la modifie, en ajoutant une phrase additionnelle :

> 11. Si j'intellige une chose, celle-ci est immatérielle *en tant qu'elle est intelligée.*

Mais il n'a pas raison, cependant, quand il affirme comme principe que toute proposition de la forme Si S É O, O est P n'est vraie que si l'on l'adapte pour lire Si S É O, O est P en tant que S É O. Dans (8), il existe une relation très particulière entre le verbe épistémique et le prédicat : le prédicat est une qualité essentielle (par exemple, visibilité, intelligibilité) de l'intermédiaire qui est impliqué dans toute proposition de la forme S intellige O. On n'intellige que par l'intellect, et l'intellect est essentiellement immatériel. Appelons un prédicat ainsi apparenté au verbe épistémique « Q ». Étant donné n'importe quel verbe épistémique, avec son sujet et son objet, on peut affirmer une proposition de la forme Si S É O, O est Q, qui sera vraie en vertu du rapport entre É et Q, mais qui aura probablement besoin d'être désambiguïsée par l'adjonction de la réserve, en tant que S É O : par exemple,

> 12. Si je pense à Jacques Chirac, Jacques Chirac est une image mentale,

qu'il faut comprendre comme :

> 13. Si je pense à Jacques Chirac, Jacques Chirac est une image mentale en tant que je pense à lui.

En revanche, il y a beaucoup de propositions de la forme Si S É O, O est P (où P n'est pas Q) qui sont simplement vraies et qu'il ne faut pas interpréter en ajoutant en tant que S É O : par exemple :

> 14. Si je vois une quelque chose, ce quelque chose est visible

et

> 15. Si je touche une quelque chose, ce quelque chose est une chose matérielle.

Dans (14) la chose n'est pas visible seulement en tant que je la vois : si je la vois, il faut qu'elle soit visible sans réserve. De même, la chose dans (15) est simplement matérielle; elle n'est pas seulement matérielle en tant que je la touche.

Regardons encore une fois (I. 8) : « Si quelque chose est su de Dieu, cela sera ». (I. 8) n'est pas vraie en conséquence de la relation entre l'intermédiaire du verbe épistémique et le prédicat du conséquent (qui n'est pas au demeurant facile à identifier); par contre, sa vérité se fonde simplement sur la définition de la connaissance. On n'a donc pas le droit d'ajouter « en tant qu'il est su de Dieu » et d'arriver, en citant cette réserve et la nature présentielle de la connaissance divine, à une transformation du conséquent au temps présent.

§ 4. Les interprétations modernes

De nombreux philosophes contemporains ont étudié les textes thomasiens examinés ci-dessus. Tandis que certains se sont peut-être contentés d'attribuer à Thomas la solution « boécienne / thomasienne », sans pénétrer plus avant dans sa pensée, d'autres ont analysé en détail différents aspects de la doctrine qu'ils prétendaient trouver dans ses œuvres en utilisant les outils et le langage de la philosophie analytique contemporaine. Face à ces analyses, l'historien qui désire simplement reconstruire la pensée véritable de l'Aquinate doit décider dans quelle mesure elles éclairent les textes thomasiens, et dans quelle mesure elles contribuent plutôt à un débat spécifiquement moderne. Dans cette section, je discuterai (assez rapidement, pour ne pas perdre le fil de mon histoire) certaines de ces interprétations, parmi les plus importantes.

a) Le fatalisme temporel et l'identité du problème central

On regarde généralement la réponse « boécienne/thomasienne » – que Dieu est atemporel – comme une objection incontournable à l'argument de la nécessité accidentelle. Certains philosophes contemporains, cependant, notamment Alvin Plantinga, soutiennent qu'on peut facilement reformuler l'argument de la nécessité accidentelle afin de rendre sa validité indépendante de l'atemporalité divine[1]. Rappelons la proposition ((I). 10) de l'argument :

> I.10. Dieu connaissait hier (en t_1) ce que je ferais demain (en t_3).

Si dieu est atemporel, il n'est plus vrai que Dieu connaiss*ait hier* (en t_1) ce que je ferais demain (en t_3). On ne peut qu'affirmer :

> 16. Dieu connaît atemporellement ce que je ferais demain (en t_3).

Plantinga observe, cependant, que (16) entraîne :

> 17. Il y a 80 ans il était vrai que Dieu connaissait atemporellement ce que je ferais demain (en t_3).

(17) est une proposition qui porte sur le passé ; elle est donc accidentellement nécessaire. De même que :

> I. 8. Nécessairement (si Dieu savait que quelque chose arriverait, elle arriverait),

il est vrai que :

> 18. Nécessairement (s'il était vrai il y a 80 ans que Dieu connaissait atemporellement ce que je ferais demain, je le ferais) ;

et, puisque (17), l'antécédent de (18) est nécessaire, il s'ensuit selon le principe du transfert de la nécessité (I. 9) que je ferai *nécessairement* ce que je ferai demain.

On n'a pas besoin de décider ici si cet argument est convaincant ; j'en doute[2]. Un des meilleurs interprètes de l'analyse thomasienne de la prescience, Harm Goris, a cependant soutenu que l'Aquinate avait déjà conçu et (implicitement) accepté un tel raisonnement[3]. En

---

1. Plantinga (1986), p. 239. On se réfère ici essentiellement à cet article, mais en fait d'autres avaient déjà proposé la même idée : voir Goris (1988), p. 57, n. 8.

2. Par exemple, on pourrait objecter qu'un fait atemporel est lui-même vrai atemporellement ; voir aussi Stump et Kretzmann (1991), p. 404-416.

3. Goris (1988), p. 57 : « Aquinas... acknowledges that an appeal to God's timeless eternity does not do away with temporal fatalism that easily. Such an appeal would be premature. For, as Aquinas notes, God's eternity doesn't alter the fact that there is still a temporal relation between our present (or past) statement (be it a present-tense or a past-tense statement) about God's knowledge and the future object of God's knowledge... In this way, contrary to what is commonly held, Aquinas does side with those contemporary scholars who have claimed that an appeal to God's timeless eternity does not solve the problem of temporal fatalism ».

conséquence, selon Goris ce n'était pas au problème de la prescience que Thomas cherchait à répondre, mais au problème prétendument plus difficile du fatalisme temporel : si l'on accepte (18), il semble que, nonobstant l'atemporalité prétendue de la science divine, on devra admettre l'existence dans le passé des vérités qui portent sur les événements futurs. La solution thomasienne, selon Goris, consiste en deux éléments principaux. En premier lieu, Thomas évite le fatalisme temporel en niant que les propositions futures contingentes sont déjà vraies ou fausses avant les événements, et en deuxième lieu il explique la prévoyance de Dieu par le caractère non-propositionnel de la science divine[1].

On peut bien admettre avec Goris que ces deux thèses font partie de la doctrine thomasienne, sans pour autant accepter la reconstruction qu'il propose de la réponse de l'Aquinate au problème de la prescience. Les textes que cite Goris pour démontrer que Thomas « se range du côté des érudits d'aujourd'hui qui prétendent qu'on ne peut pas résoudre le problème du fatalisme temporel en faisant appel à l'éternité atemporelle divine » n'attestent en rien d'une telle conception. Dans ces textes, Thomas se borne à observer que les événements qui ne sont pas futurs par rapport à la connaissance divine peuvent être futurs par rapport à d'autres événements ou par rapport à nous[2]. Il suffit de regarder la forme des questions et objections auxquelles l'Aquinate répond, et sa manière de façonner ses solutions en analysant les rapports entre la connaissance éternelle et ses objets temporels, pour réaliser qu'il envisageait une problématique axée sur la prescience divine ; l'interprétation de l'argument énigmatique du *Peri hermeneias* sur le fatalisme temporel appartenait à une problématique tout à fait différente. Bien sûr, Thomas ne pensait pas que l'on puisse résoudre le problème de la prescience en posant l'atemporalité de Dieu, mais ce n'est pas parce qu'il avait anticipé l'objection de Plantinga ; il regardait plutôt

---

1. Goris (1998), p. 253.
2. Voir Goris (1998), p. 57, n. 7, où il donne le passage se référant à « prouidentia » et « praeudientia » dans Boèce, cité *supra*, p. 122-123, et un texte similaire du Commentaire sur les *Sentences*.

la question dans une perspective boécienne, et – comme je vais en faire l'hypothese – il ne croyait même pas que Dieu soit atemporel.

b) *L'éternité divine et la théorie einsteinienne de la relativité*

Dans son article «Divine Knowledge and Human Freedom», Anthony Kenny propose une objection à la doctrine thomasienne de la prescience divine que certains critiques médiévaux avaient en réalité – et probablement à l'insu de Kenny – déjà formulée[1]. L'idée de l'éternité atemporelle, dit-il, manque absolument de cohérence. La relation de simultanéité étant transitive, si *A* se produit au même temps que *B*, et *B* se produit en même temps que *C*, il s'ensuit que *A* se produit en même temps que *C*. En conséquence, si chaque instant du temps est simultané avec l'éternité en son entier (ce que l'Aquinate est censé, selon Kenny, soutenir), tout instant est simultané avec tout autre instant: «... my typing of this paper is simultaneous with the whole of eternity. Again, on this view, the great fire of Rome is simultaneous with the whole of eternity. Therefore, while I type these very words, Nero fiddles heartlessly on»[2].

Pour pouvoir répondre à une telle objection, Eleonore Stump et Norman Kretzmann ont inventé une théorie compliquée, inspirée par l'idée einsteinienne des différents cadres temporels[3]. Je n'entre pas dans tous les détails d'une doctrine qui a elle-même suscité toute une série de critiques et de réponses à ces critiques[4]. Les spécialistes

---

1. Kenny (1969). Kenny a écrit la conférence sur laquelle il base cet article en 1960.

2. Kenny (1969), p. 264. On trouve la même objection proposée par Durand de St Pourçain: «...quaecumque coexistunt uni et eidem, sic quod nunquam est uerum de uno eorum quod coexistat illi, quin sit uerum de altero, illa necessario coexistunt sibi. Sed si omnia coexistunt Deo ab aeterno, non est uerum dicere quod dies hodierna coexistiterit uel coexistat Deo, quin illud sit uerum de die hesterno; ergo dies hodiernus et hesternus simul sibi inuicem coexistiterunt et coexistunt, hoc autem est impossibile...» (Commentaire sur les *Sentences*, I, d. 38, q. 3, cité par De Finance (1956, p. 38, n. 1) de l'édition de Lyon, 1533, f. 65 vb; voir aussi Hoenen (1993), p. 167-170.

3. Stump et Kretzmann (1981); les auteurs ont nuancé leur théorie dans Stump et Kretzmann (1992), p. 473-479.

4. Stump et Kretzmann (1987; 1992, p. 465-467) répondent à une critique de Paul Fitzgerald (1985), et (1992, p. 467-469) à une critique de Herbert Nelson (1987); voir aussi Craig (1998), p. 240-246 et pour plus de détails sur d'autres discussions de la thèse Stump-Kretzmann, voir Leftow (1991), p. 171, n. 24, et voir également ci-dessous pour les observations importantes faites par Leftow lui-même.

de la physique théorique, observent les auteurs, se sont habitués à parler de cette façon. Imaginons un train qui voyage à 60% de la vitesse de la lumière, dont la tête et la queue sont frappés chacun par un éclair : selon Einstein, tandis qu'un observateur immobile, x, regardant du côté des voies, voit que les deux éclairs sont simultanés, ils ne sont pas simultanés pour y, un observateur qui voyage dans le train. Les deux observateurs ont donc raison, puisque l'on ne peut affirmer aucune vérité absolue en ce qui concerne les relations temporelles entre les deux éclairs, mais seulement que selon x ils sont simultanés, et selon y il se produisent à des moments différents. On ne doit pas dire que deux événements, A et B, sont simultanés (tout court), mais que :

19. A et B sont simultanés relativement à un référentiel (« framework of reference ») X.

(19) est compatible avec :

20. A et B ne sont pas simultanés relativement à un référentiel Y.

Bien entendu, dans le monde de tous les jours, où même les TGV ne roulent qu'à une fraction insignifiante de la vitesse de la lumière, il suffit d'ordinaire de considérer tous les événements temporels comme étant relatifs au même référentiel. Quand il s'agit cependant de la simultanéité entre un moment du temps et l'éternité – que les auteurs nomment « la simultanéité ET », l'analogie einsteinienne est pertinente, et il faut, selon les auteurs, concevoir un référentiel éternel, et un nombre infini de référentiels temporels – un référentiel pour chaque instant du temps. Ils définissent la simultanéité ET ainsi : Si $E = $ l'éternité, et t un instant du temps, E et t sont ET-simultanés ssi (i) selon un observateur considéré par rapport au référentiel unique éternel, E est éternellement présent et il observe t comme étant temporellement présent, et (ii) selon un observateur considéré par rapport à un référentiel temporel, t est temporellement présent et il observe E comme étant éternellement présent[1]. La simultanéité ET n'est pas donc une relation transitive et elle n'implique pas la simultanéité temporelle : chacun des instants t_1 et t_2 est

___

1. Stump et Kretzmann (1981), p. 230-231 – j'ai simplifié leur définition.

ET-simultané avec E, puisque (i) l'éternité est éternellement présente à Dieu, et Dieu voit tous les instants du temps (donc t_1 et t_2) comme temporellement présents, et dans le référentiel T_1, où le temps présent est t_1, on observe E comme étant éternellement présent, et t_1 est présent, et dans le référentiel T_2, où le temps présent est t_2, on observe E comme étant éternellement présent, et t_2 est présent. Il n'existe aucun référentiel temporel dans lequel les deux instants sont présents ou se produisent au même temps.

Après avoir considéré les réponses qui ont été données à leur théorie, Stump et Kretzmann ont modifié la définition de la simultanéité-ET, afin d'éliminer l'idée que pouvait impliquer la version antérieure que les événements ne pourraient être ET-simultanés que s'ils étaient observés[1]. Brian Leftow a cependant montré qu'il est difficile, sinon impossible, d'arriver à une reformulation qui évite la circularité. Quant à lui, Leftow propose une théorie selon laquelle les événements temporels qui sont pour nous passés, présents et à venir sont véritablement tous présents dans le référentiel d'éternité, tout en préservant des relations analogues à leurs relations d'antériorité et de postériorité. La théorie de Leftow se distingue alors de celle de Stump et Kretzmann, parce que selon cette dernière, il n'y a qu'une simultanéité entre chaque instant du temps et l'éternité en son entier, tandis que selon Leftow tous les instants du temps sont réellement présents dans l'éternité. Leftow qualifie cette théorie d'« anselmienne », mais il ne la juge pas très différente de celle de l'Aquinate[2].

Quel apport offrent ces théories à celui qui n'a pas pour but de résoudre le problème de la prescience mais qui cherche simplement à comprendre la pensée de Thomas en cette matière ? Si l'on accepte l'interprétation épistémique que j'ai proposée ci-dessus, l'objection soulevée par Kenny et ses devanciers médiévaux est nulle, parce que, selon cette interprétation, Thomas ne prétend pas que les

---

1. Leftow (1991), p. 238-241.

2. Leftow (1991), p. 183-216 (Anselme).; pour des observations critiques, voir Craig (1998), p. 240-246. Leftow (p. 181-182) pense qu'un passage dans *De ueritate* « suggère une theorie comme celle de Stump et Kretzmann » (qu'il rejette), mais que d'autres passages (il cite *ST* I, q. 14, a. 13 et *SCG* I. 66 n. 7) suggèrent l'explication anselmienne « that somehow all of time really does exist at once ».

événements passés, présents et futurs sont réellement simultanés avec l'éternité divine. On n'a pas donc besoin de ces théories, qui sont éloignées des raisonnements que l'on trouve dans les textes thomasiens. Ce qui plus est, le débat sur la simultanéité *ET* met en lumière la difficulté de trouver une réponse suffisante aux objections contre l'interprétation réaliste. Stump et Kretzmann acceptent cette interprétation réaliste, mais, en essayant de formuler leur définition, ils ont recours à un langage d'observation qui, comme le l'ont fait remarquer leurs adversaires, conviendrait mieux à l'interprétation épistémique. Leur reformulation, visant à affirmer la portée réaliste de la théorie, n'évite pas la circularité.

Les deux théories contiennent néanmoins certains éléments qui sont utiles aux lecteurs de Thomas. Il y a au moins un moment dans la *Somme contre les gentils* où, comme on l'a noté[1], Thomas risque une formulation réaliste du rapport entre chaque instant du temps, auquel, dit-il, l'éternité divine est présente dans son entier. La théorie de Stump et Kretzmann d'un côté, et celle de Leftow de l'autre indiquent deux voies différentes que Thomas aurait pu choisir d'emprunter pour élaborer et éclaircir sa doctrine, s'il avait voulu développer cette ligne de raisonnement.

c) *L'Aquinate face à une distinction moderne : le temps série « A » et série « B »*

Dans la philosophie anglo-saxonne contemporaine, l'étude du temps se fonde sur une distinction proposée par le philosophe (ailleurs par trop négligé) McTaggart entre deux séries temporelles, qu'il a baptisées « série A » et « série B »[2]. Le temps série A est le temps qui s'écoule, dont on parle en utilisant les termes « passé », « présent », « futur ». Par contraste, quand on conçoit le temps comme une relation statique, en parlant de ce qui est antérieur, postérieur ou simultané à quelque chose, c'est la série B. Considérons trois instants temporels, t_1, t_2, t_3. On peut dire, selon la série B, que t_2 suit t_1 et t_3 suit t_2. Cet ordre est absolument permanent et

---

1. Voir *supra*, p. 137.
2. Voir McTaggart (1908). On trouve une bonne introduction au débat dans la philosophie analytique contemporaine dans Le Poidevin et MacBeath (1993).

invariable. En revanche, supposons que t_2 soit le moment présent. Selon la série A, on peut dire *maintenant* que t_1 est au passé, t_2 au présent et t_3 au futur, mais presque immédiatement t_2 sera lui-même au passé, et de même qu'il y avait un moment où t_1, t_2, t_3 étaient tous au futur, il y aura un moment où tous seront au passé. En anglais, on peut désigner ce contraste par la distinction entre les termes « time » et « tense » : « tense » se réfère au temps qui s'écoule de la série A[1]. Dans la perspective de la série B, le temps est homogène ; dans la perspective de la série A, il est nettement divisé en trois parties, chacune ayant un caractère distinct : le passé – stable, immuable, fermé ; le futur – incertain, muable, ouvert. Tandis que McTaggart introduit sa distinction afin de démontrer l'irréalité du temps (en général), le débat contemporain se porte plutôt sur le statut de la série A : ceux (qu'on appelle « B-theorists ») croient qu'au fond la série B décrit la pleine réalité du temps et que la série A n'est qu'une façon de parler qui risque d'induire en erreur le métaphysicien s'il n'y prend garde.

Si l'on en croit certains interprètes contemporains de la pensée de Thomas, tels William Craig et Delmas Lewis, sa solution au problème de la prescience présuppose qu'il était un « B-theorist » en ce qui concerne le temps – donc qu'il niait implicitement la réalité de la série A. Craig et Lewis acceptent l'interprétation réaliste des textes de Thomas et ils soutiennent que, si tous les événements coexistent réellement avec l'éternité divine, toute la série temporelle doit être atemporelle (« exist timelessly »)[2] ; ce qui, disent-ils, implique que Thomas aurait dû être un « B-theorist », bien qu'il se soit sans doute pensé lui-même comme un « A-theorist » en ce qui

1. On parle en anglais du « tense » d'un verbe (par exemple, « the past tense », « the future tense ») – et avec raison, parce que les temps verbales se rapportent au temps série A.

2. Craig (1988), p. 117 : « Since God knows contingents according to their actual existence, it seems undeniable that for God future contingents actually exist. This does not mean that such events always exist, for on this view that would be to exist throughout all of time, which they do not. But the entire temporal series would seem to exist timelessly, on the analogy of a spatial extension, and as such is known by God. » ; Lewis (1988), p. 82 : « In the eternal present in which God beholds all of temporal reality, there is no contrast between past, present, and future with respect to existence. This alone suffices to show the concept of eternity presupposes a tenseless view of time ».

concerne le temps[1]. À leur tour, Leftow[2] et Goris[3] prétendent avoir résolu ce problème. À mon avis, cette critique de Thomas, et les réponses qui sont proposées, reposent sur une confusion. Si l'on soutient, comme tous ces philosophes, que toutes les choses coexistent vraiment avec l'éternité divine, il ne sert à rien de faire nier à Thomas à la réalité du temps série A («tense») : ce refus ne lui permettra pas de repousser l'argument de Kenny (ou de Durand de St Pourçain). Le problème posé par Kenny et ses devanciers concerne le caractère de la relation (acceptée également par les « B-theorists » et leurs adversaires) «– est simultané avec –». Selon la série B, les instants du temps sont ordonnés, l'un après l'autre : Kenny soutient que, si toutes les choses sont simultanées avec l'éternité divine, il s'ensuit que toutes les choses sont simultanées avec elles-mêmes – en d'autre termes, que la série B s'est écroulée. Les réponses de Stump et Kretzmann et de Leftow offrent des solutions, non pas à la difficulté que Thomas se trouve être implicitement un « B-theorist » alors qu'il se voulait un « A-theorist », mais au problème plus grave que selon l'interprétation réaliste, sa conception du temps semble être radicalement incohérente. Quoiqu'il en soit, si l'on accepte l'interprétation épistémique que j'ai soutenue ci-dessus, les idées thomasiennes ne risquent plus d'encourir ce type de critiques.

Il y a cependant un autre problème concernant le rapport de Dieu avec la série A que l'on ne peut pas si facilement écarter[4]. Toute proposition qui se rapporte à la série A est en elle-même incomplète ;

1. Craig (1988), p. 118 : «… I find it inconceivable that he consciously adhered to such a [B-] theory of time, For him becoming was not mind-dependent, but real… »; Lewis (1988), p. 83 : «I doubt whether this implication of the doctrine of divine eternality was ever recognized by Boethius, Anselm and Aquinas. In fact, these theologians seem to appeal to the reality of tense in order to justify the *a priori* need for divine timelessness… ».

2. Leftow (1990; 1991), p. 228-244.

3. Goris (1998), p. 242-252.

4. Lewis (1988) présente ce problème (avec le pseudo-problème que je viens de considérer). Leftow analyse très clairement le problème, et en distingue une version sémantique et une version métaphysique (qui est la version qui nous concerne ici) dans Leftow (1991), p. 313-320. Voir aussi Prior (1962), Sorabji (1983), p. 258-260, Gale (1991), p. 47-97 (une analyse approfondie) et les autres articles cités dans Leftow, (1991), p. 313, n. 2.

pour pouvoir découvrir sa valeur de vérité, il faut savoir *à quel moment* elle a été affirmée. Par exemple, la proposition «En ce moment je tape la lettre 'e'» est tantôt vraie, tantôt fausse : elle est vraie ssi *en ce moment, actuellement* je tape cette lettre. Mais il est impossible qu'on sache que je tape «e» en ce moment si l'on n'est pas soi-même en ce même moment[1]. Si Dieu n'a pas de localisation temporelle, ainsi que l'affirment la plupart de ces interprètes, il ne peut pas connaître un tel fait, mais seulement le fait analogue qui se rapporte à la série B, que je tape la lettre 'e' en t_2, le moment qui suit t_1 et qui précède t_3. Peut-être essayera-t-on d'éviter cette conséquence, soit en disant que l'instant unique de l'éternité divine est simultané avec n'importe quel moment du temps, soit en admettant que Dieu a d'une certain façon une localisation temporelle – qu'il existe en toute localisation temporelle. Mais il faut accepter en tout cas que, selon l'Aquinate, Dieu est immuable et qu'il ne se trompe jamais. Supposons que je tape «e» en t_1 et que en t_2 je ne tape pas «e» : si Dieu connaît le temps série A, et s'il est incapable de se tromper, il s'ensuit que :

21. Dieu savait en t_1 qu'en ce moment je tape «e».

et

22. Dieu ne sait pas en t_2 qu'en ce moment je tape «e».

Si (21) et (22) sont vraies, Dieu n'est pas immuable. Celui qui objecte à cette inférence en disant que, dans l'éternel présent divin, t_1 et t_2 coïncident, devra admettre une conséquence encore moins acceptable, à savoir qu'en le seul instant de l'éternité, Dieu sait et ne sait pas qu'en ce moment je tape «e». Certes, on peut affirmer sans contradiction et sans impliquer que Dieu soit muable, les deux propositions suivantes :

23. Dieu sait qu'en t_1 je tape «e».

et

24. Dieu ne sait pas qu'en t_2 je tape «e».

1. Je présente le problème en termes propositionnels, car ils le rendent plus facile à comprendre. Mais il faut souligner que – comme je le dis dans ce qui suit – c'est le *fait* qu'un événement se produise en ce moment, actuellement que Dieu ne peut pas comprendre (parce que, selon Thomas, Dieu connaît d'une façon non-propositionnelle).

Mais (23) et (24) portent précisément sur le temps série B.

Puisque Dieu connaît toutes les vérités, la conclusion qui semble s'imposer est que le temps série A («tense») n'appartient pas à la nature de ce qui existe vraiment; il n'est qu'une conséquence de la manière dont nous concevons la réalité. Leftow a élaboré un argument très élégant, par lequel il prétend démontrer que, bien que Dieu ne puisse pas connaître les propositions qui portent sur le temps série A, il peut connaître les faits qui se rapportent au temps série A, d'une façon indirecte mais non pas incomplète[1]. L'Aquinate lui-même ne semble pas avoir pensé à ce problème, qui inquiète tant ses exégètes modernes[2].

§ 5. EST-CE QUE L'AQUINATE PENSE QUE L'ÉTERNITÉ SOIT ATEMPORELLE ?

Selon Thomas, Dieu n'est pas sujet au temps; il est en dehors du temps. La simple constatation que Dieu est éternel implique cette extériorité par rapport au temps : que «X soit éternel» veut dire que X n'est pas mesuré par le temps – qui mesure ce qui change – mais par l'éternité. L'Aquinate, qui défendait la définition boécienne de l'éternité[3], en identifiait deux caractéristiques : premièrement, qu'elle n'a ni commencement ni fin; deuxièmement, que dans l'éternité il n'y a pas de succession. La deuxième caractéristique (qui est la seule caractéristique *essentielle* de l'éternité) est l'opposé de ce qui caractérise le temps :

1. Leftow (1991), p. 313-337.
2. Il y a un passage du commentaire sur les *Sentences* (I, d. 38 q. 1 a. 5 : « Nec tantum uidet hanc rem respectu praecedentis temporis esse futuram, et respectu futuri praeteritam : sed uidet istud tempus in quo est praesens, et rem esse praesentem in hoc tempore… ») qui semble de prime abord suggérer que Thomas distinguait entre le temps série B (*hanc rem respectu praecedentis temporis esse futuram, et respectu futuri praeteritam*) et le temps série A (*istud tempus in quo est praesens*). Mais, en réalité, comme la suite de la citation l'indique (*quod tamen in intellectu nostro non potest accidere, cujus actus est successiuus secundum diuersa tempora*), dans ce passage il veut seulement souligner l'idée que Dieu voit le futur de la même façon que nous voyons le présent. Voir aussi *infra*, chapitre 6, sur les implications méthodologiques de cette question.
3. Voir *Sent.* I, d. 8, q. 2, a. 1 ; *ST* I, q. 10, a. 1.

Donc comme la raison de temps consiste en la numération de l'avant et de l'après dans le mouvement, ainsi appréhender l'uniformité en ce qui est absolument étranger au mouvement, c'est saisir la raison d'éternité[1].

Il est alors très facile de comprendre pourquoi presque tous les théologiens et les historiens contemporains de la philosophie attribuent à l'Aquinate la position – celle-là même qu'ils trouvent dans la *Consolation* de Boèce – selon laquelle l'éternité divine est atemporelle[2]. Il y a cependant de bonnes raisons pour rejeter ce jugement (de même que, à mon avis, il faut le récuser en ce qui concerne Boèce). Bien entendu, selon Thomas, Dieu n'est pas dans le temps, mais il n'est pas séparé absolument du temps à la façon d'un être vraiment atemporel.

En premier lieu, la position que soutient l'Aquinate quant à l'argument de la nécessité accidentelle devient inintelligible pour celui qui croit qu'il a conçu l'éternité divine comme atemporelle. Une des prémisses de l'objection auquel il répond est la suivante : « Cette proposition [« cela est su de Dieu »] porte sur le passé » (= I. 12). Si Dieu est atemporel, cette prémisse est évidemment fausse. Thomas cependant l'accepte[3], et s'efforce d'élaborer un raisonnement beaucoup plus compliqué – et en fin de compte fallacieux – pour répondre à l'objection[4].

---

1. *ST* I, q. 10 a. 1 : « Sicut igitur ratio temporis consistit in numeratione prioris et posterioris in motu, ita in apprehensione uniformitatis eius quod est omnino extra motum, consistit ratio aeternitatis. » ; à I, q. 10 a. 4, Thomas explique que la différence essentielle entre l'eternité et le temps est que « aeternitas est tota simul, quod tempori non convenit, quia aeternitas est mensura esse permanentis, tempus uero est mensura motus ».

2. Il y a des rares exceptions – par exemple, Davies (1992), p. 107-109.

3. Dans *De potentia* q. 1, a. 5, ad 2, Thomas (en discutant de la question de savoir si Dieu peut faire ce qu'il ne fait pas) Thomas cite le fait qu'il n'y a ni passé ni futur en Dieu pour écarter l'objection que Dieu ne peut pas ne pas avoir prévu ce qu'il a prévu. Il s'agit cependant ici de l'absence de succession dans l'éternité divine.

4. Voir *supra*, § 3. On pourrait cependant objecter à mon argument que, dans l'objection (*Ver.*, q. 2 a. 12 arg. 7 et 8), il ne s'agit pas seulement de la nécessité du passé, mais aussi de la nécessité de l'éternité : même si Thomas avait nié que les actes d'un Dieu atemporel puissent être passés, il aurait néanmoins dû expliquer comment ils ne sont pas nécessaires puisque éternels. Peut-être avait-il décidé en conséquence de proposer un argument qui ne se fondait pas sur l'atemporalité. Mais (1) il est étrange, tout de même, que Thomas n'ait pas donné pas une réponse simple et convaincante à

En deuxième lieu, Thomas s'intéresse surtout au rapport entre la connaissance de Dieu et les choses temporelles : Dieu, comme le dit souvent Thomas, les voit comme si elles étaient présentes. Dans un des rares textes où il discute des rapports entre Dieu et le temps, il semble vouloir – tout en soulignant les différences entre les modes d'être de l'éternité et du temps – indiquer que Dieu n'est absent d'aucun instant du temps : « un telle chose indivisible [l'éternité] peut être dans des temps différents, parce que l'éternité invariable est présente à toutes les parties du temps [1] ». Rory Fox, qui cite ce passage dans son étude fondamentale sur la philosophie du temps chez les théologiens du treizième siècle, observe que Thomas « semble avoir soigneusement évité dans ses ouvrages postérieurs les expressions qui pourraient suggérer une présence divine dans le temps », mais Fox ajoute que cette tendance n'était pas le reflet d'une position philosophique sur le rapport entre Dieu et le temps, mais plutôt la « conséquence pragmatique » de son désir de ne pas compromettre la perfection divine. Thomas insiste, comme Fox le remarque, sur l'idée que Dieu est dans toutes les choses, les soutenant dans leur être [2]. En général, comme le montre Fox, les théologiens de l'époque de Thomas, y compris Thomas, voulaient soutenir à la fois que Dieu n'existe à aucun instant temporel – il existe plutôt à l'instant unique de l'éternité – *et* que son existence

l'objection principale (la nécessité du passé), s'il avait été, en avocat de l'atemporalité divine, à même d'en proposer une. De plus (2), la façon dont Thomas parle, dans l'objection, de la nécessité de l'éternité (*omne aeternum est necessarium. Sed omne quod Deus sciuit, ab aeterno sciuit. Ergo eum sciuisse, est necessarium absolute*), en utilisant le temps passé (*sciuit, sciuisse*) et la locution *ab aeterno*, suggère qu'ici l'objecteur regarde l'éternité comme une durée infinie du temps, et cette objection est proche de la précédente : tout ce qui est éternel est nécessaire, parce qu'il n'y a aucun moment du temps où il n'est pas. L'atemporalité aurait servi aussi bien à réfuter cet argument qu'à rejeter celui de la nécessité accidentelle.

1. *Sent.* I, d. 37, q. 2, a. 1, ad 4 : « ... et tale indiuisibile [aeternitatis] potest esse in diuersis temporibus, immo in omni tempore, quia nunc aeternitatis inuariatum adest omnibus partibus temporis ».

2. Fox (à paraître), chapitre 10. Je remercie beaucoup Rory Fox de m'avoir envoyé le texte électronique de son livre important avant sa publication. J'ai eu le privilège d'avoir été un des examinateurs de la thèse de doctorat de M. Fox (sur le même sujet que le livre) il y a plusieurs années, au moment où je commençais à m'intéresser au problème de la prescience. J'ai grandement profité de mes discussions avec M. Fox sur ces questions.

n'est pas séparée de celle des choses temporelles : que Dieu existe, d'une certaine façon, *avec* le temps[1].

Un passage, que Fox signale mais ne cite pas, est particulièrement révélateur. Thomas discute de l'ubiquité divine. Une des objections commence en mettant le temps et l'espace en parallèle :

> Le temps est aux choses successives ce que l'espace est aux choses permanentes. Mais un même moment indivisible d'action ou de mouvement ne peut pas exister en divers temps. Donc, dans le domaine des êtres permanents, un être indivisible ne peut pas être en tous lieux[2].

L'être divin est permanent ; donc, il ne peut pas être dans plusieurs endroits en même temps. Dans sa réponse[3], Thomas distingue entre deux espèces d'indivisibles. Il y a, d'une part, ceux qui sont les *termini* (ou constituants ultimes) d'une quantité continue – le point et l'instant ; d'autre part,

> [...] il y a une autre sorte d'indivisible, qui échappe à tout l'ordre du continu et c'est de cette façon que les substances incorporelles, comme Dieu, l'ange et l'âme sont dites être indivisibles. Or cet indivisible ne s'applique pas au continu comme s'il en faisait

1. Voir Fox (à paraître), chapitre 10 : «... there is a variety of terminology which medieval thinkers used to describe this "togetherness"... medieval thinkers...seem to have thought of it as an asymmetrical relatinshp which can only hold between ontologically more perfect particulars and less perfect ones. Whilst more perfect particulars can be "with" less perfect ones, the less perfect particulars must be "measured" or "excelled" by the more perfect particulars ».

2. *ST* I, q. 8 a. 2 arg. 2 : « Praeterea, sicut se habet tempus ad successiua, ita se habet locus ad permanentia. Sed unum indiuisibile actionis uel motus, non potest esse in diversis temporibus. Ergo nec unum indiuisibile in genere rerum permanentium, potest esse in omnibus locis... ».

3. *ST* I, q. 8 a. 2 ad 2 : « Ad secundum dicendum quod indiuisibile est duplex. Unum quod est terminus continui, ut punctus in permanentibus, et momentum in successiuis. Et huiusmodi indiuisibile, in permanentibus, quia habet determinatum situm, non potest esse in pluribus partibus loci, uel in pluribus locis, et similiter indiuisibile actionis uel motus, quia habet determinatum ordinem in motu uel actione, non potest esse in pluribus partibus temporis. Aliud autem indiuisibile est, quod est extra totum genus continui, et hoc modo substantiae incorporeae, ut Deus, Angelus et anima, dicuntur esse indiuisibiles. Tale igitur indiuisibile non applicatur ad continuum sicut aliquid eius, sed inquantum contingit illud sua uirtute. Unde secundum quod uirtus sua se potest extendere ad unum uel multa, ad paruum uel magnum, secundum hoc est in uno uel pluribus locis, et in loco paruo uel magno ».

partie, mais comme y appliquant son action. Par conséquent, c'est selon que son action peut s'étendre à un être ou à plusieurs, petit ou grand, qu'un tel indivisible sera dans un ou plusieurs lieux, dans un lieu petit ou grand.

Puisque la question porte sur l'espace, Thomas ne développe pas le cas parallèle de l'instant de l'éternité, qui sera – selon le schéma indiqué ici – dans tous les temps, non pas comme un constituant du temps, mais en raison de sa puissance (*virtus*). Et, en effet, Thomas admet volontiers que « l'on applique à Dieu des verbes de divers temps, selon que son éternité inclut tous les temps, mais non parce qu'il changerait selon le présent, le passé et le futur » [1].

Finalement, on peut remarquer en troisième lieu que, parmi les lecteurs scrupuleux de l'Aquinate, même ceux qui semblent accepter l'opinion commune, qu'il concevait l'éternité comme atemporelle, se sentent obligés de qualifier cette affirmation avec tant de réserves qu'il leur aurait été plus facile de la rejeter. On a déjà remarqué les efforts de Stump et Kretzmann pour distinguer l'éternité divine boécienne/thomasienne – qui est une *vie*, et qui a, selon eux, une durée – celle de l'atemporalité des nombres ou universaux [2]. Goris, qui a expliqué vers le début de son livre les différentes façons dont l'atemporalité divine se distingue de la simple atemporalité, écrit vers la fin de son étude :

> Nous avons trouvé au chapitre 2 que « l'éternité » signifie effectivement l'atemporalité, mais l'atemporalité d'une manière qui nous est entièrement inconnue. Selon l'Aquinate, l'éternité est une

---

1. *ST* I, q. 10 a. 2 ad 4 : «... uerba diuersorum temporum attribuuntur Deo, inquantum eius aeternitas omnia tempora includit, non quod ipse uarietur per praesens, praeteritum et futurum ». Ce passage est cité par Goris (1998), p. 48, n. 41 ; voir aussi le passage, également cité par Goris, du Quodlibet 10, q. 2, ad 1.

2. Voir *supra*, chapitre ɪɪ, § 7. Il faut ajouter que Fox (à paraître, chapitre 1 : voir particulièrement n. 41) observe qu'une des significations de *duratio* au treizième siècle était existentielle et non-extensionnelle (« "Duratio" in this sense is predicated of any particular which has existence (esse) and its predication is simply a reference to the actual "beingness" of the thing which is existing ». Il s'ensuit que Stump et Kretzmann ont probablement tort en attribuant à l'éternité divine thomasienne la durée au sens moderne, extensionnelle, mais atemporelle.

atemporalité qui n'exclut pas les attributions temporelles, mais qui nous rappelle qu'il est imparfait de faire de telles attributions [1].

En bref, l'atemporalité de Goris n'est pas du tout atemporelle. Bien entendu, on admet qu'il est important de distinguer entre une conception selon laquelle l'éternité de Dieu n'est qu'un temps sans commencement et sans fin, et la position de Boèce et Thomas : si un historien ou un théologien juge qu'il vaut mieux marquer cette distinction en caractérisant l'éternité boécienne ou thomasienne comme étant « atemporelle », et en expliquant les raisons pour lesquelles il ne faut pas comprendre « atemporelle » au sens littéral, on doit lui accorder sans objection cette préférence lexicographique. Il me semble, cependant, plus sage de suivre la conclusion de Fox :

> [...] les développements écrits au treizième siècle sur la question du rapport de Dieu avec le temps essaient d'avancer des idées qui sortent de la gamme des conceptions et manières de penser utilisées par les philosophes contemporains. Du fait que leur point de départ est un univers peuplé et organisé d'une façon très différente de nos modèles d'aujourd'hui, nous ne devons pas nous étonner de ce que leur pensée se refuse à être catégorisée et bornée par les paramètres des distinctions contemporaines, telle la distinction entre durée sans fin et atemporalité [2].

1. Goris (1998), p. 250.
2. Fox (à paraître), chapitre 10.

Chapitre VI

L'ANALYSE DES ARGUMENTS
ET L'HISTOIRE DE LA PHILOSOPHIE

La citation qui clôt le précédent chapitre pose de façon frappante la question méthodologique, qui, le lecteur s'en sera rendu compte (au fil des pages), est à l'arrière-plan de toute ma discussion du débat médiéval sur la prescience divine : dans quelle mesure les historiens doivent-ils utiliser les concepts, la terminologie et les techniques de la philosophie contemporaine en essayant de comprendre la pensée des auteurs médiévaux ?

Parmi les techniques caractéristiques de la philosophie contemporaine anglo-saxonne, on trouve l'analyse des arguments en propositions numérotées, souvent accompagnées par l'indication de leurs rapports logiques. J'ai utilisé continuellement cette méthode au cours du livre : regardez, par exemple, les pages 66-73 ou 145-147. Par contraste, on ne trouve jamais de propositions numérotées dans les textes médiévaux. Suis-je ainsi coupable d'imposer un mode contemporain de raisonnement aux auteurs d'une époque antérieure ? Je ne le pense pas. Tous les passages que j'ai analysés de cette manière présentent des raisonnements dans lesquels les auteurs cherchent à dériver par des enchaînements logiques une conclusion de certaines prémisses. L'analyse en propositions numérotées sert à identifier les prémisses et à mettre en relief la nature des inférences : on voit, peut-être plus clairement que les auteurs eux-mêmes, les présupposés et la structure de leurs arguments, de même qu'un historien d'art peut aujourd'hui, en utilisant des jumelles, observer beaucoup plus distinctement les détails d'un chapiteau roman qu'aucun moine médiéval. On peut, néanmoins, se laisser tromper par cette méthode, en se focalisant trop strictement sur les détails des arguments au détriment de la compréhension de l'ouvrage en son entier. Mais, même si l'on admet que cette sorte d'analyse est dans la plupart des cas valable, il peut aussi arriver que cette technique soit utilisée d'une manière qui ait des conséquences malheureuses pour ce qui concerne l'*histoire* de la philosophie.

En premier lieu, cette méthode peut inciter les historiens à donner aux arguments qu'ils explicitent une précision qui est en réalité absente des énoncés des auteurs médiévaux eux-mêmes. Par exemple, quand ils discutent de la nécessité (dans le contexte de la prescience divine), les penseurs du moyen âge, même les plus méticuleux, restent fréquemment très vagues en ce qui concerne la nature des objets qu'on prétend être (ou ne pas être) nécessaires. Les philosophes contemporains préfèrent parler de *propositions* nécessaires; les écrivains médiévaux parlent parfois d'*événements* nécessaires, mais, le plus souvent, ils se réfèrent simplement aux *choses* nécessaires ou possibles.

En deuxième lieu, la méthode d'analyse en propositions numérotées peut induire les historiens en erreur en ce qui concerne la structure des raisonnements dans les textes médiévaux. Comme je l'ai expliqué dans mon chapitre II, un grand nombre des inférences qu'un philosophe contemporain (ou un théologien du douzième ou treizième siècle) analyse de façon propositionnelle ont été comprises par Boèce d'une manière tout à fait différente. Selon lui, par exemple, la négation de la conséquence « Si le soleil se lève, il fait jour » n'est pas conçue sur le modèle propositionnel de : $\sim(p \rightarrow q)$, mais sur un modèle fondé sur la logique des termes, comme étant « Si le soleil se lève, non (il fait jour) »[1]. L'historien qui essaie de représenter les conséquences boéciennes dans le symbolisme de la logique propositionnelle – $(p \rightarrow q)$ – se rend coupable d'une déformation de la vérité historique. Abélard et les théologiens du treizième siècle utilisaient une logique propositionnelle analogue à

---

1. Voir *supra*, chapitre 2, § 6.

celle des philosophes contemporains, mais néanmoins suffisamment différente pour rendre très difficile la traduction de leurs arguments dans une notation symbolique moderne. Par exemple, la signification de « si » (qui n'est peut-être pas la même chez Abélard et chez un penseur du treizième siècle) ne correspond précisément à aucun symbolisme de la logique classique moderne – ni au symbole indiquant « l'implication matérielle » (il n'est pas le cas que p et non q)[1], ni à celui qui indique « l'implication stricte » (il est impossible que p et non q). La signification des opérateurs modaux (« possiblement », « nécessairement »), analysée au chapitre III, en fournit un autre exemple.

Face à ces différences entre la logique contemporaine et la logique médiévale, l'historien doit choisir entre deux approches. Il peut essayer de reconstruire le raisonnement médiéval en termes actuels, ou il peut utiliser les outils d'analyse logique et le symbolisme logique pour mettre en lumière les aspects des arguments qui ne conviennent pas à une telle analyse, puisqu'ils témoignent une façon de raisonner différente de celle d'aujourd'hui. La plupart des historiens de la philosophie qui ont reçu leur formation dans les facultés de philosophie analytique choisissent la première approche. Ils suivent l'exemple de certains logiciens distingués, tels Arthur Prior, qui se sont intéressés à la logique médiévale sans se considérer comme des *historiens* de la philosophie. Étant donné qu'il visait à résoudre des problèmes de la philosophie contemporaine, et que les textes médiévaux n'étaient que des points de départ, on ne doit pas reprocher à Prior ou à ses semblables leur méthode. En revanche, ceux qui prétendent exposer la pensée de Boèce ou de l'Aquinate auraient dû se méfier d'une méthode d'interprétation anachronique. Les partisans de l'autre approche sont peu nombreux, mais celle-ci a déjà donné des résultats (tout à fait) importants pour ce qui concerne la compréhension de la logique et la métaphysique médiévale, comme on a pu l'observer dans les chapitres précédents, où j'ai utilisé les recherches de Christopher Martin (sur Boèce, Abélard et

---

1. Voir Martin (1987a).

la propositionalité)[1] ou de Simo Knuuttila (sur l'interprétation des propositions modales)[2].

L'historien de la philosophie n'a pas seulement à choisir entre les différentes techniques d'analyse ; il a aussi besoin de décider quelles sont les conceptions contemporaines qu'il doit utiliser pour forger son interprétation des textes anciens. En ce qui concerne le problème de la prescience, nous avons vu que beaucoup d'historiens récents ont fait l'idée d'atemporalité l'élément essentiel de leur interprétation. Même ceux qui, comme Stump et Kretzmann, s'efforcent d'expliquer minutieusement la définition boécienne de l'éternité, insistent pour dire que, selon Boèce et Thomas d'Aquin, l'éternité divine est atemporelle. Ils ne se demandent nullement si la conception contemporaine d'atemporalité est adéquate à la bonne compréhension des textes de l'antiquité tardive ou du moyen âge. On peut faire une comparaison éclairante, si l'on oppose la façon dont l'éminent historien de la philosophie, Richard Sorabji, examine l'idée d'éternité dans le monde antique et celle employée par Rory Fox dans son étude récente du temps dans la théologie du treizième siècle[3]. Sorabji veut déterminer quels sont les philosophes de l'antiquité qui ont conçu l'éternité comme atemporelle, ou plutôt comme une durée sans fin : il examine avec une grande perspicacité les textes de chaque penseur tour à tour, et dans chaque cas il arrive à une réponse positive ou négative. Fox, quant à lui, étudie en détail tous les aspects du vocabulaire du temps et de l'éternité utilisé par les théologiens universitaires, pour arriver à la conclusion, déjà citée plus haut, que la pensée de cette époque reculée ne doit pas être enfermée dans des distinctions contemporaines, telle la distinction entre durée sans fin et atemporalité.

Pour un autre exemple d'une conception moderne dont le rapport à la philosophie médiévale peut être mise en doute, on doit considérer la distinction entre le temps série A et série B. Selon Goris, on peut utiliser cette terminologie en analysant l'Aquinate, quoiqu'elle ne soit la sienne, parce que les théories du temps A et B « regardent

---

1. Voir par exemple Martin (1987a), (1991) et (2004).
2. Knuuttila (1993).
3. Sorabji (1983) ; Fox (à paraître).

les positions fondamentales au sujet du temps, fondées sur les intuitions humaines, communes à tous »[1]. Ce raisonnement a deux faiblesses. Premièrement, la proposition que les intuitions sur lesquelles se fonde la distinction entre les deux séries sont « communes à tous » a besoin d'être vérifiée empiriquement; et les études historiques des conceptions du temps révèlent que les intuitions communes sur la nature du temps sont loin d'être stables. Deuxièmement, même si l'on supposait que nos intuitions étaient celles des médiévaux, il y a différentes façons de conceptualiser ces mêmes intuitions.

Mon livre a ainsi eu deux objets, l'un constructif, l'autre visant à la déconstruction. J'ai essayé de présenter un exposé clair et fidèle des théories sur la prescience divine de certains penseurs importants de l'antiquité et du moyen âge, mais j'ai cherché en outre à déconstruire un des monuments bien connus de l'histoire de la philosophie de la religion : la solution « boécienne » ou « thomasienne » du problème de la prescience. Je soutiens que cette solution ne fut ni celle de Boèce ni celle de l'Aquinate. Certains éléments de cette solution ont été développés lors des controverses sur la doctrine de Thomas d'Aquin, mais en son intégralité elle est la construction des philosophes contemporains de la religion. Pour comprendre sa genèse, il faut simplement considérer les deux façons d'analyser la pensée de ces époques reculées, que j'ai critiquées dans les paragraphes précédentes – l'utilisation irréfléchie soit de conceptions actuelles soit de techniques de la logique contemporaine. On a utilisé les conceptions modernes – en particulier, celle d'atemporalité – sans se demander si elles convenaient vraiment pour rendre compte des idées et arguments d'un philosophe du sixième siècle et d'un théologien du treizième. De plus, on a exploité de façon irréfléchie certaines techniques de la logique contem-

---

1. Goris (1998), p. 94 : « It should ne noted that, of course, Aquinas does not use the terms 'A-view' or 'B-view' and that there are no elaborate A-theories or B-theories on time in the 13th century. But these historical circumstances do not constitute a hermeneutic impediment to describing Aquinas' view on time as an A-theory, for the A- and B-theories concern fundamental views on time based on common human intuitions ».

poraine qui sont en effet assez proches des méthodes de l'Aquinate, mais complètement étrangères à celles de Boèce.

Il se peut que les écrivains contemporains que je critique essayeront de rejeter mes objections en expliquant qu'ils ont délibérément employé ce que les philosophes anglophones nomment «charitable interpretation» («une interprétation charitable»). Selon le principe de l'interprétation charitable, en interprétant un argument d'un penseur du passé, on doit toujours préférer la *meilleure* interprétation, c'est-à-dire l'interprétation qui rend l'argument le plus cohérent et le moins susceptible de recevoir des objections, qu'elle soit d'ordre logique, ou qu'elle concerne la vérité des prémisses. Du point de vue de la logique et de la théologie contemporaine, la réponse boécienne/thomasienne est sans aucun doute une interprétation charitable des arguments de Boèce et de Thomas. Mais l'interprétation charitable n'est pas la bonne méthode pour arriver à une compréhension juste de ce qu'un philosophe du passé a vraiment pensé. Bien entendu, Boèce et Thomas, étant des philosophes intelligents et prudents, évitaient ce que leurs contemporains auraient pu considérer comme des incohérences, des sophismes ou des prémisses insoutenables. Nous ne devons pas cependant supposer que ce jugement corresponde dans tous les cas avec le nôtre aujourd'hui. Il faut parfois (ou, peut-être, souvent) choisir entre la meilleure interprétation pour nous, et l'interprétation qui est historiquement la plus vraisemblable; et pour l'*historien*, il n'y a pas de doute qu'il faut opter pour cette dernière.

«Nous ne sommes cependant pas des historiens», pourraient-ils répondre, «mais des philosophes. Nous nous intéressons à la pensée de Boèce ou de l'Aquinate puisque nous espérons y trouver des idées et des arguments que nous pouvons emprunter et adapter, afin d'arriver à la meilleure solution de problèmes tels que celui de la prescience. Peu importe si la doctrine que nous appelons «boécienne» ou «thomasienne» coïncide avec la pensée véritable de Boèce ou de Thomas».

En elle-même cette réponse est incontestable: pourvu qu'un philosophe mette entre guillemets virtuels les noms de tous les penseurs du passé qu'il cite, on ne doit pas lui reprocher de fausser

leurs idées et arguments. On peut, néanmoins, suspecter les protagonistes d'une telle approche de mauvaise foi. Choisir comme
étiquette « boécien » ou « thomasien » n'équivaut pas à choisir une
étiquette neutre : en rapportant une doctrine à un grand penseur du
passé comme l'Aquinate, on fait appel à son autorité, de la même
manière que les philosophes médiévaux eux-mêmes citaient l'autorité d'un Aristote ou d'un Augustin. Ce qui plus est, ces écrivains qui
ne s'intéressent, selon leurs propres dires, qu'à la philosophie, ne
manquent pas pourtant de produire une analyse textuelle des
ouvrages de Boèce ou de l'Aquinate, de sorte qu'il est difficile de ne
pas leur attribuer l'ambition de donner une *interprétation* de ces
textes.

Mais ils contre-attaquent : « Nous admettons que notre approche
n'est pas idéologiquement pure. Quoique nous nous considérions
comme des philosophes, nous essayons en plus d'étudier l'histoire
de la philosophie – et d'une façon qui, à l'inverse de la méthode de
ceux qui se vantent d'être de vrais historiens, redonne vie à la pensée
des époques reculées, parce que nous établissons un rapport entre ce
qui nous concerne, notre pensée d'aujourd'hui, et les arguments des
penseurs du passé ».

Et moi de répondre : « Il faut distinguer entre deux champs
différents de travail. Il y a le travail du philosophe, pour lequel les
origines des idées qu'il utilise importent peu. On doit le juger
comme philosophe à partir de la cohérence et de la puissance de ses
arguments, et en fonction de sa réussite à résoudre les problèmes
philosophiques auxquels nous sommes confrontés. Faire revivre la
pensée, la culture, la vie d'une époque lointaine, c'est le travail de
l'historien, dont le génie ne consiste pas à faire comme s'il n'y avait
pas de distance entre nous et les siècles passés (comme si, par exemple, nous pouvions penser ou vivre de la même manière que les
médiévaux), mais à rendre compréhensible pour nous une forme de
vie, tout en reconnaissant qu'un intervalle infranchissable nous en
sépare. »

J'ai profité du présent livre pour présenter aux médiévistes
francophones une approche d'un problème classique de la théologie
qu'ils ne connaissaient peut-être pas très bien, parce qu'elle

appartient au discours des philosophes analytiques de la religion qui
enseignent dans les universités anglophones. Je l'ai introduite,
cependant, d'une façon critique. Cette approche ne manque pas,
selon moi, d'éléments acceptables, particulièrement en ce qu'elle
fournit les outils techniques pour bien comprendre les analyses
logiques présentes dans les textes médiévaux. Il faut se demander,
cependant, dans quelle mesure elle n'est qu'une déviation pour
l'historien. Après le déclin de l'approche néo-scolastique en histoire
de la philosophie médiévale (une perspective qui, comme celle de la
philosophie analytique, sacrifie la compréhension historique à la
recherche d'une vérité absolue), on trouve dans les pays francophones des ouvrages qui témoignent d'une approche vraiment historique de la philosophie médiévale[1]. Dans le même temps, plusieurs
médiévistes francophones commencent à s'intéresser à la philosophie analytique et aux façons d'analyser les textes dont j'ai
discuté ici. Il est très important qu'ils ne deviennent pas si absorbés
par ces techniques nouvelles qu'ils en oublient leur fonction d'historiens. Il y a en effet un danger certain – peut-être plus évident pour un
étranger comme moi que pour ceux qui mènent leurs carrières
professionnelles dans les pays francophones : tandis que, dans notre
champ d'études, la langue française risque de disparaître sous
l'attaque d'un anglais standardisé et devenu « langue interna-
tionale », l'étude de la philosophie – y compris l'histoire de la philosophie médiévale – deviendra-t-elle également standardisée selon le
modèle high-tech issu des départements de philosophie de
Princeton, Harvard et Cornell ? Mon livre sera parvenu à ses fins s'il
peut contribuer à mettre en lumière l'appauvrissement de notre vie
intellectuelle comme médiévistes et historiens de la philosophie qui
résulterait d'une semblable transformation.

---

1. Je cite, par exemple, Vignaux (2004 ; publié pour la première fois en 1958) et
Jolivet (1969), et plus récemment, De Libera (parmi d'autres, 1996, 1999, 2003),
Imbach (1996) et Rosier-Catach (2004b).

BIBLIOGRAPHIE COMMENTÉE

Études générales du problème de la prescience au Moyen Âge

Craig (1988) donne une analyse soigneuse des solutions proposées par les penseurs les plus célèbres du Moyen Âge : il s'intéresse particulièrement à la période après 1250; pour Duns Scot, voir aussi Cross (1997). Par contraste, Sorabji (1983) se concentre sur l'antiquité tardive, et ne se borne pas au problème lui-même de la prescience. Hoenen (1993) présente, comme préface à son étude de Marsilius d'Inghen, une vue synoptique des discussions de la connaissance divine pendant les siècles médiévales antérieures. Leftow (1991) écrit en tant que philosophe, plutôt que comme historien de la philosophie; sa discussion de Boèce et d'Anselme est cependant très éclairante.

Études des thèmes apparentées au problème de la prescience

Knuuttila (1993) offre l'étude fondamentale des conceptions de la modalité au Moyen Âge. Thom (2003) adopte une méthode d'analyse plus proche de la logique symbolique, mais qui reste sensible aux nuances des penseurs médiévaux. Fox (à paraître) reconstruit les théories diverses sur le temps et l'éternité au treizième siècle.

Le problème de la prescience dans la philosophie
contemporaine analytique de la religion

C'est un champ assez vaste d'études. On consulte avec profit l'article synoptique de Fischer (1992) et l'ample bibliographie dans les notes de Leftow (1991). Les articles de Stump et Kretzmann (1981, 1987, 1991, 1992) développent une solution complexe et innovatrice, mais qui n'a pas convaincu la plupart des philosophes. Zagzebski (1991) présente une analyse très claire.

Auteurs médiévaux

BOÈCE. Pour sa vie, son milieu, ses œuvres, et sa pensée en générale, voir Courcelle (1967), Chadwick (1981) et Marenbon (2003a). Sur sa solution du problème de la prescience, on peut consulter Gegenschatz (1966), Huber (1976) et l'article qui vient de paraître par Evans (2004), ainsi que les notes dans l'édition de Sharples (1991). Martin (1991) éclaire profondément la nature et les limitations de la logique boécienne.

ABÉLARD. Pour sa vie, son milieu, ses œuvres, et sa pensée en générale, voir Jolivet (1969), Mews (1995), Marenbon (1997), Clanchy (1997) – une biographie – et Brower et Guilfoy (2004). Il n'existe pas d'études dédiées à sa solution du problème de la prescience. Sur sa méthode d'approche à la logique, voir Martin (1987a et 2004); sur sa conception de la possibilité et la nécessité Marenbon (1991) et Martin (2001).

THOMAS D'AQUIN. La bibliographie sur sa vie, ses œuvres et sa pensée est vaste : on peut bien s'orienter en utilisant Torrell (2002) et Davies (1992). Même sur la solution thomasienne du problème de la prescience divine, il y a de nombreux ouvrages. Les articles de Prior (1962) et de Kenneth (1969) fournissent le point de départ pour l'approche analytique; Leftow (1990) utilise la méthode analytique pour comprendre la position de l'Aquinate d'une façon particulière-rement subtile. De Finance (1956) met en lumière une distinction très importante pour l'interprétation de l'argument de Thomas. Goris (1998) offre une étude très ample et équilibrée du problème de la prescience chez l'Aquinate.

BIBLIOGRAPHIE

ABÉLARD (1836) *Ouvrages inédits, pour servir à l'histoire de la philosophie scolastique en France*, éd. V. Cousin, Paris.

− (1927) *Peter Abaelards philosophische Schriften*, I. 3 éd. B. Geyer, Münster, Aschendorff (Beiträge zur Geschichte der Philosophie und Theologie des Mittelalters 21)

− (1958) *Twelfth Century Logic. Texts and Studies*. II. *Abaelardiana inedita*, Rome, edizioni di storia e letteratura

− (1970) *Petri Abaelardi Dialectica*, éd. L. M. de Rijk, Assen, Van Gorcum, 1970, 2ᵉ éd.

− (1978) *Historia calamitatum*, éd. J. Monfrin, Paris, Vrin

− (1983) *Senteniae magistri Petri Abaelardi (Sententie ⸱Hermanni)*, éd. S. Buzzetti, Florence, la nuova Italia

− (1987) *Opera theologica* III, éd. C. Mews et E. Buytaert, Turnhout, Brepols, 1967 (Corpus christianorum, continuatio mediaeualis 13)

− (à paraître − a) [Commentaire sur le *Peri hermeneias* de la *Logica Ingredientibus*], ed. K. Jacobi et C. Strub (Corpus Christianorum, continuatio mediaeualis)

− (à paraître − b) *Sententiae Petri Abaelardi*, éd. D. Luscombe (Corpus Christianorum, continuatio mediaeualis)

[ABÉLARD] (1975) *Pierre Abélard − Pierre le Vénérable. Les courants philosophiques, littéraires et artistiques en occident au milieu du XIIᵉ siècle*, Paris, CNRS (Colloques internationaux du CNRS 546]

ALAIN DE LILLE (1953) « La somme "Quoniam homines" », éd. P. Glorieux, *Archives d'histoire doctrinale et littéraire du Moyen Âge* 20, p. 113-364

− (1965) *Alain de Lille. Textes inédits*, ed. M.-T. d'Alverny, Paris, Vrin (Études de philosophie médievale 52)

« Alexandre de Halès » (1924) *Doctoris irrefragabilis Alexandri de Hales Ordinis minorum Summa theologica*, éd. A. Klumper, Quaracchi, Collegium S. Bonaventurae

AMMONIUS et BOÈCE (1998) *Ammonius. On Aristotle On Interpretation 9 with Boethius. On Aristotle On Interpretation 9*, traduit par D. Blank et N. Kretzmann, Londres, Duckworth

ARNOLD, J. (1995) *"Perfecta Communicatio". Die Trinitätstheologie Wilhelms von Auxerre*, Münster, Aschendorff (Beiträge zur Geschichte der Theologie und Philosophie des Mittelalters, n.f. 42)

BALDWIN, J. (1970) *Masters, Princes and Merchants: the social Views of Peter the Chanter and His Circle*, Princeton, Princeton University Press

BARDOUT, J.-C. et BOULNOIS, O. (2002) (éd.) *Sur la science divine*, Paris, Presses universitaires de France

BOÈCE (1880) *Anicii Manlii Severini Boetii commentarii in librum Aristotelis Peri Hermeneias pars posterior* Leipzig, Teubner

– (1984) *Boethius. "De consolatione Philosophiae"*, éd. L. Bieler (éd. rév.), Turnhout, Brepols (Corpus Christianorum, series latina 94)

– (1989) *Boèce. Consolation de la Philosophie*, trad. C. Lazam, Paris, Éditions rivages

– (1991) *Courts traités de théologie*, trad. H. Merle, Paris, Le Cerf

– (2000) *Boethius. De consolatione Philosophiae, Opuscula theologica*, éd. C. Moreschini, Munich et Leipzig, K.G. Saur

BOH, I. (1985) "Divine Omnipotence in the Early Sentences" *in* Rudavsky (1985), p. 185-211

BROWER, J. et GUILFOY, K. (éd.) (2004) *The Cambridge Companion to Abelard*, Cambridge, Cambridge University Press

CAHN, S.M. (1967) *Fate, Logic, and Time*, New Haven et Londres, Yale University Press

CHADWICK, H. (1981) *Boethius. The Consolations of Music, Logic, Theology, and Philosophy*, Oxford, Oxford University Press

CLANCHY, M. (1997) *Abelard: a Medieval Life*, Oxford, Blackwell

COLISH, M.L. (1994) *Peter Lombard*, Leide, New York et Cologne, Brill

COURCELLE, P. (1967) *La Consolation de Philosophie dans la tradition littéraire*, Paris, Études Augustiniennes

CRAIG, W.L. (1988) *The problem of divine foreknowledge and future contingents from Aristotle to Suarez*, Leide et New York, Brill (Brill's studies in intellectual history 7)

CRAIG, W.L. (1998) "The Tensed vs. Tenseless Theory of Time: A Watershed for the Conception of Divine Eternity" in *Questions of*

Tense and Time, éd. R. Le Poidevin, Oxford, Oxford University Press, p. 221-250

CROSS, R. (1997) "Duns Scotus on Eternity and Timelessness", *Faith and Philosophy* 14, p. 3-25

DAVIES, B. (1992) *The Thought of Thomas Aquinas*, Oxford, Oxford University Press

– (1993) *An Introduction to the Philosophy of Religion* (nouvelle édition), Oxford, Oxford University Press

DE FINANCE, J. (1956) "La présence des choses à l'éternité d'après les scolastiques", *Archives de Philosophie* 19, p. 24-62

DE LIBERA (1981) "Abélard et le dictisme" in *Abélard. Le "Dialogue", la philosophie de la logique*, Genève/Lausanne/Neuchâtel, 1981 (Cahiers de la revue de théologie et philosophie 6), p. 59-92

– (1996) *La querelle des universaux. De Platon à la fin du Moyen Âge*, Paris, Seuil

– (1999) *L'Art des généralités. Théories de l'abstraction*, Paris, Aubier

– (2003) *Raison et foi : Archéologie d'une crise d'Albert le Grand à Jean-Paul II*, Paris, Seuil

DE RIJK, L.M. (1975) "La signification de la proposition (dictum propositionis) chez Abélard" *in* [Abélard] (1975), p. 547-555

DOUCET, V. (1947) "The History of the Problem of the Authenticity of the *Summa*", *Franciscan Studies* n.s. 7, p. 26-41, 274-312

ELFORD, D. (1988) "William of Conches" in *A History of Twelfth-Century Western Philosophy*, éd. P. Dronke, Cambridge, Cambridge University Press, p. 308-327

ÉTIENNE LANGTON (1952) *Der Sentenzenkommentar des Kardinals Stephan Langton*, éd. A. M. Landgraf, Münster, Aschendorff (Beiträge zur Geschichte der Philosophie und Theologie des Mittelalters 37,1)

EVANS, J. (2004) "Boethius on Modality and Future Contingents", *American Catholic Philosophical Quarterly* 78, p. 247-271

FISCHER, J.M. (éd.) (1989) *God, Foreknowledge, and Freedom*, Stanford, Stanford University Press

FISCHER, J.M. (1992) "Recent Work on God and Freedom", *American Philosophical Quarterly* 29, p. 91-109

FITZGERALD, P. (1985) "Stump and Kretzmann on Time and Eternity", *Journal of Philosophy* 82, p. 260-269

FOX, R. (à paraître) *Time and Eternity in Mid Thirteenth Century Thought*, Oxford University Press – publication prévue en 2006

GALE, R.M. (1991) *On the Nature and Existence of God*, Cambridge, Cambridge University Press

GEGENSCHATZ, E. (1966) "Die Gefährdung des Möglichen durch das Vorauswissen Gottes in der Sicht des Boethius", *Wiener Studien* 79, p. 517-530

GLORIEUX, P. (1927) *Les premières polémiques thomistes : I. Le Correctorium Corruptorii « Quare »*, Le Saulchoir, Kain (Bibliothèque thomiste 9)

GORIS, H.J.M.J. (1998) *Free Creatures of an Eternal God: Thomas Aquinas on God's foreknowledge and irresistible will*, Louvain, Peeters (Publications of the Thomas Instituut te Utrecht. New series 4)

GREGORY, T. (1955) *Anima Mundi. La filosofia di Guglielmo di Conches e la Scuola di Chartres*, Florence, Sansoni (Pubblicazioni dell'Istituto di Filosofia dell'Università di Roma 3)

GUILFOY, K. (2004) "Peter Abelard's Two Theories of the Proposition" *in* Maierù et Valente (2004), p. 35-57

GUILLAUME D'AUXERRE (1980) *Summa Aurea* I, éd. J. Ribaillier, Paris-Grottaferrata, éditions du CNRS-editiones Coll. S. Bonaventurae (Spicilegium Bonaventurianum 16)

GUILLAUME DE CONCHES (1965) *Glosae in Platonem*, éd. E. Jeauneau, Paris, Vrin

– (1999) *Glosae super Boetium*, éd. L. Nauta, Turnhout, Brepols (Corpus Christianorum, continuatio mediaeualis 158)

GUILLAUME D'OCKHAM (1978) *Guillelmi de Ockham. Opera philosophica* II, St Bonaventure, The Franciscan Institute

HOENEN, M.J.F.M. (1993) *Marsilius of Inghen. Divine Knowledge in Late Medieval Thought*, Leide, New York et Cologne, Brill (Studies in the History of Christian Thought 1)

HUBER, P.T.M. (1976) *Die Vereinbarkeit von göttlicher Vorsehung und menschlicher Freiheit in der Consolatio Philosophiae des Boethius*, Zürich, Juris

IMBACH, R. (1996) *Dante, la philosophie et les laïcs*, Paris, Le Cerf

JACOBI, K. (1983) "Statements about Events : Modal and Tense Analysis in Medieval Logic", *Vivarium* 21 (1983)

JACOBI, K, C. STRUB et P. KING (1996) « From *intellectus verus/falsus* to the *dictum propositionis* : the Semantics of Peter Abelard and his Circle », *Vivarium* 34 (1996), p. 15-40

JEAUNEAU, E. (1973) « *Lectio Philosophorum* ». *Recherches sur l'École de Chartres*, Amsterdam, Hackert

JOANNES DUNS SCOTUS (1963) *Opera omnia*, VI, ed. C. Balic et al., Cité du Vatican, typae polyglottae vaticanae

JOLIVET, J. (1969) *Arts du langage et théologie chez Abélard*, Paris, Vrin (Études de philosophie médiévale 57)

– (1994) *Abélard ou la philosophie dans le langage*, Fribourg/Paris, Éditions universitaires/Le Cerf

JOLIVET, J. et A. DE LIBERA (éd.) (1987) *Gilbert de Poitiers et ses contemporains. Aux origines de la Logica Modernorum*, Bibliopolis, Naples (History of Logic 5)

KENNY, A. (1969) "Divine Foreknowledge and Human Freedom" in *Aquinas. A Collection of Critical Essays*, ed. A. Kenny, Notre Dame, Ind., University of Notre Dame Press, p. 255-270

KNUUTTILA, S. (1981) "Time and Modality in Scholasticism" in *Reforging the Great Chain of Being*, éd. S. Knuuttila, Dordrecht, Boston et Londres, Reidel (Synthese historical library 20), p. 163-257

– (1993) *Modalities in Medieval Philosophy*, Londres et New York, Routledge

LANDGRAF, A. (1934) *Écrits théologiques de l'école d'Abélard. Textes inédits*, Louvain, Spicilegium sacrum Lovaniense (Études et documents, fasc. 14)

LEFTOW, B. (1990) "Aquinas on Time and Eternity", *American Catholic Philosophical Quarterly* 64, p. 387-399

LEFTOW, B. (1991) *Time and Eternity*, Ithaca/Londres, Cornell University Press

LE POIDEVIN, R. et MACBEATH, M. (éd.) (1993) *The Philosophy of Time*, Oxford, Oxford University Press

LEWIS, D. (1988) "Eternity, time and tenselessness", *Faith and Philosophy* 5, p. 72-86

MACTAGGART, J.M.E. (1908) "The Unreality of Time", *Mind* 17, p. 457-474

MAIERÙ, A. et L. VALENTE (éd.) (2004) *Medieval Theories on Assertive and Non-Assertive Language*, Florence, Olschki (Lessico Intelletuale Europeo)

MARENBON, J. (1991) "Abelard's Concept of Possibility" in *Historia Philosophiae Medii Aevi. Studien zur Geschichte der Philosophie des Mittelalters*, éd. B. Mojsisch et O. Puta, Amsterdam/Philadelphia, p. 595-609 (= *id. Aristotelian Logic, Platonism, and the Context of Early Medieval Philosophy in the West*, Aldershot, 2000 (Variorum Collected Studies series 696), X)

– (1992) "Vocalism, Nominalism and the Commentaries on the *Categories* from the earlier Twelfth Century", *Vivarium* 30 (1992), p. 51-61

– (1997) *The Philosophy of Peter Abelard*, Cambridge, Cambridge University Press

– (2003a) *Boethius*, New York, Oxford University Press

– (2003b) "Rationality and Happiness: Interpreting Boethius's *Consolation of Philosophy*" in *Rationality and Happiness: From the Ancients to the Early Medievals*, ed. J.J.E. Gracia and J. Yu, Rochester, NY and Woodbridge, University of Rochester Press and Boydell & Brewer, p. 175-197

– (2003c) "Eternity" in *The Cambridge Companion to Medieval Philosophy*, ed. A.S. McGrade, Cambridge, Cambridge University Press, p. 51-60

– (2003d) "Le temps, la prescience et le déterminisme dans la *Consolation de Philosophie* de Boèce" in *Boèce ou la chaîne des savoirs*, éd. A. Galonnier, Louvain-la-Neuve/Paris/Dudley, Ma, Éditions de l'Institut supérieur de philosophie/Peeters, p. 531-546

– (2004a) "Life, milieu, and intellectual contexts" *in* Brower et Guilfoy (2004), p. 13-44

– (2004b) "Boethius and the Problem of Paganism", *American Catholic Philosophical Quarterly* 78, p. 329-348

– (2004c) "Dicta, Assertion and Speech Acts: Abelard and some Modern Interpreters" *in* Maierù et Valente (2004), p. 59-80

MARTIN, C.J. (1986) "William's Machine", *Journal of Philosophy* 83, p. 564-572

– (1987a) "Embarrassing Arguments and Surprising Conclusions in the Development of Theories of the Conditional in the Twelfth Century" *in* Jolivet et De Libera (1987), p. 377-400

– (1987b) "Something Amazing about the Peripatetic of Le Pallet: Abelard's development of Boethius's Account of Conditional Propositions", *Argumentation* 1, p. 420-436

– (1991) "The Logic of Negation in Boethius", *Phronesis* 36, p. 277-304

– (2001) "Abelard on Modality: some Possibilities and some Puzzles" in *Potentialität und Possibilität. Modalaussagen in der Geschichte der Metaphysik*, Stuttgart/Bad-Cannstatt, Frommann-Holzboog, p. 97-124

– (2004) "Logic" *in* Brower et Guilfoy (2004), p. 158-199

MEWS, C.J. (1985) "On Dating the Works of Peter Abelard", *Archives d'histoire doctrinale et littéraire du moyen âge* 52 (1985), p. 109-158 = Mews (2001), VII

– (1986) "The *Sententie* of Peter Abelard", *Recherches de théologie ancienne et médiévale* 52 (1985), p. 109-158

– (1995) *Peter Abelard*, Aldershot, Ashgate (Authors of the Middle Ages, II-5 – Historical and Religious Writers of the Latin West)

– (2001) *Abelard and his Legacy*, Aldershot, Ashgate, 2001 (Variorum Collected Studies Series 704)

MORRIS, T. V. (éd.) (1987) *The Concept of God*, Oxford, Oxford University Press

NELSON, H. (1987) "Time(s), Eternity, and Duration, *International Journal for Philosophy of Religion* 22, p. 3-19

NOONAN, J.T. (1977) « Who was Rolandus ? » in *Law, Church, and Society : Essays in Honor of Stephan Kuttner*, éd. K. Pennington et R. Somerville, Philadelphia, University of Pennsylvania Press, p. 21-48

OBERTELLO, L. (1974*) Severino Boezio*, Gênes, Academia Ligure di Scienze e Lettere

OSTLENDER, H. (1929) *Sententiae Florianenses*, Bonn, Hannstein (Florilegium Patristicum 19)

PADGETT, A. G. (1992) *God, Eternity and the Nature of Time* (New York, St Martin's Press)

PETER, C.J (1964) *Participated Eternity in the Vision of God : a Study of the Opinion of St. Thomas Aquinas* (Rome, Università Gregoriana)

PIERRE LOMBARD (1971) *Sententiae in IV libris distinctae* I, Grottaferrata, editiones Collegii S. Bonaventurae (Spicilegium Bonaventurianum 4)

PIERRE DE POITIERS (1943) *Sententiae*, I, éd. P.S. Moore et M. Dulong, Notre Dame, Indiana, Notre Dame University Press (Publications in mediaeval studies 7)

PIKE, N. (1970) *God and Timelessness*, Londres, Routledge & Kegan Paul

PLANTINGA, A. (1986) "On Ockham's Way Out", *Faith and Philosophy* 3, p. 235-269 (= Morris, 1987, p. 171-200)

PRIOR (1962) "The Formalities of Omniscience, *Philosophy* 37, p. 114-129 (= A.N. Prior, *Papers on Time and Tense*, ed. P. Hasle, P. Øhrstrøm, T. Braüner, J. Copeland, Oxford, Oxford University Press, 2003 (nouvelle edition – utilisée ici), p. 39-58)

ROLAND (1891) *Die Sentenzen Rolands nachmals Papstes Alexander III*, éd. A.M. Gietl, Freiburg im Breisgau, Herder

ROSIER-CATACH, I. (2004a) « Les discussions sur le signifié des propositions chez Abélard et ses contemporains » in Maierù et Valente (2004), p. 1-34

– (2004b) *La parole efficace. Signe, rituel, sacré*, Paris, Seuil

RUDAVSKY, T. (éd.) (1982) *Divine Omniscience and Omnipotence in Medieval Philosophy*, Dordrecht et Boston, Reidel (Synthese Historical Library 25)

SHARPLES, R.W. (éd.) (1991) *Cicero : "On Fate" and Boethius : "The Consolation of Philosophy" IV. 5-7, V (Philosophiae Consolationis)*, Warminser, Aris and Philipps

SORABJI, R. (1980) *Necessity, Cause, and Blame. Perspectives on Aristotle's Theory*, Londres, Duckworth

–(1983) *Time, Creation and the Continuum. Theories in Antiquity and the Early Middle Ages*, Londres, Duckworth

SPADE, P.V. (1994) "Medieval Philosophy" in *The Oxford Illustrated History of Western Philosophy*, éd. A. Kenny, Oxford, Oxford University Press, p. 55-105

STUMP, E. et N. KRETZMANN (1981) "Eternity", *Journal of Philosophy* 78, p. 429-458 (= Morris (1987)), p. 219-252

–(1987) "Atemporal Duration: a Reply to Fitzgerald", *Journal of Philosophy* 84, p. 214-219

–(1991) "Prophecy, Past Truth, and Eternity" in *Philosophical Perspectives 5: Philosophy of Religion*, éd. J. Tomberlin, Arascadero, Ridgview, p. 395-424

–(1992) "Eternity, Awareness, and Action", *Faith and Philosophy* 9, p. 463-482

THOM, P. (2003) *Medieval Modal Systems*, Aldershot et Burlington, Vermont, Ashgate

THOMAS, R. (1980) *Petrus Abaelardus (1079-1142): Person, Werk und Wirkung*, Trier, Paulinus-Verlag (Trierer Theologische Studien 38)

THOMAS D'AQUIN (1856) *Scriptum super Sententiis* à http://www.corpusthomisticum.org/snp1001 (Textum Parmae 1856 editum ac automato translatum a Roberto Busa SJ in taenias magneticas)

–(1888) *Pars prima Summae theologiae* I, Rome, Typographia Polyglotta S. C. de Propaganda Fide (Édition Léonine 4)

–(1961) *Liber de veritate catholicae Fidei contra errores infidelium seu Summa contra Gentiles*, II éd. P. Marc, C. Pera et P. Caramello, Turin et Rome, Marietti

–(1975-1970-1972-1976) *Quaestiones disputatae de veritate*, Rome, Editori di San Tommaso (Édition Léonine 22)

–(1979) *Compendium Theologiae* (et alia opuscula), Rome, Editori di San Tommaso (Édition Léonine 42)

–(1982) *Quaestiones disputatae de malo*, Rome et Paris, Commissio Leonina/Vrin (Édition Léonine 23)

–(1989) *Expositio libri Peryermeneias*, 2ᵉ éd., Rome et Paris, Commissio Leonina/Vrin (Édition Léonine 1*/1, 2ᵉ éd.)

–(1996a) *Quaestiones de quolibet VII – XI*, Rome et Paris, Commissio Leonina/Le Cerf (Édition Léonine 25.1)

–(1996b) *De la vérité 2. La science en Dieu*, trad. et commenté par S. Bonino, Fribourg/Paris, Éditions universitaires/Le Cerf

–(1999) *La Somme de Théologie* I, éd. A. Raulin, A.-M. Roguet et *al.*, Paris, Le Cerf

TORRELL, J.-P. (2002) *Initiation à Saint Thomas d'Aquin. Sa personne et son œuvre*, 2e édition, Fribourg/Paris, Éditions universitaires/Le Cerf

VIGNAUX, P. (2004) *Philosophie au Moyen Âge*, éd. R. Imbach, Paris ; Vrin

WEIDEMANN, H. (1981) "Zur Semantik der Modalbegriffe bei Peter Abelard", *Medioevo* 7 (1981), p. 1-40

– (1993) "Modalität und Konsequenz. Zur logischen Struktur eines theologischen Arguments in Peter Abaelards Dialectica" in *Argumentationstheorie. Scholastische Forschungen zu den logischen und semantischen Regeln korrekten Folgerns*, éd. K. Jacobi, Leiden et Cologne, Brill (Studien und Texte zur Geistesgeschichte des Mittlalters 38), p. 695-705

WEISHEIPL, J.A. *Friar Thomas d'Aquino; his Life, Thought and Works*, Oxford, Blackwell

WIPPEL, J. F. (1988) "Thomas Aquinas and the Axiom « What is received is received according to the mode of the receiver »" in *A Straight Path. Studies in Medieval Philosophy and Culture. Essays in Honor of Arthur Hyman*, éd. R. Link-Salinger et *al.*, Washington, D.C., The Catholic University of America Press

– (1982) "Divine Knowledge, Divine Power and Human Freedom in Thomas Aquinas and Henry of Ghent" in Rudavsky (1982) = J. Wippel *Metaphysical Themes in Thomas Aquinas*, Washington, D.C., Catholic University of America Press, 1984 (Studies in Philosophy and the History of Philosophy 10), p. 243-270

ZAGZEBSKI, L. TRINKHAUS (1991) *The Dilemma of Freedom and Foreknowledge*, Oxford et New York, Oxford University Press

INDEX NOMINUM
DES AUTEURS AVANT 1900

INDEX NOMINUM
DES AUTEURS MODERNES

TABLE DES MATIÈRES

ACHEVÉ D'IMPRIMER
EN MAI 2005
PAR L'IMPRIMERIE
DE LA MANUTENTION
A MAYENNE
FRANCE
N° 132-05

Dépôt légal : 2ᵉ trimestre 2005